ÓPTICA FEMINISTA PARA LA SALUD MENTAL DE LAS MUJERES

CUADERNOS FEMINISTAS 19 / CARTAFUEYOS FEMINISTES 19

Varias autoras

ÓPTICA FEMINISTA PARA LA SALUD MENTAL DE LAS MUJERES

Programa

1ª JORNADA. MESA

5 de octubre, jueves, 18:30h. Aula Magna Edificio Histórico Universidad de Uviéu

"Abordaje del malestar de las mujeres desde salud mental: tarea en construcción"

- **Lina Menéndez**: Trabajadora social, salud mental. *"Más allá de la queja: análisis y contexto de la demanda de las mujeres en salud mental"*
- **Tina Ibáñez**: Psicóloga clínica del HUCAB. *"Nuevas demandas en la atención a la salud mental"*
- **Dra. Eugenia Díez**: Psicóloga clínica del HUCA. *"Trauma, cuerpo y mujer"*
- **Presentación: Gloria García-Nieto**, presidenta de la Asociación Feminista de Asturias/AFA

2ª JORNADA. CONFERENCIA

18 de octubre, miércoles, 18:30h. Aula Magna Edificio Histórico Universidad de Uviéu

"Ser mujer como factor de riesgo para el trastorno de salud mental"

- **Dra. Paula Marín**. Psicóloga clínica
- **Presentación**: **Concha Cartón**, profesora jubilada e integrante de la Asociación Feminista de Asturias/AFA

3ª JORNADA. CONFERENCIA

17 de noviembre, viernes, 18:30h. Biblioteca Pública Jovellanos de Xixón

"De la locura a la Salud Mental: historia(s), feminismos y resistencias"

- **Dra. Celia García Díaz**. Psiquiatra, profesora de la Universidad de Málaga e integrante del Instituto Universitario de Investigación de Género e Igualdad de la UMA
- **Presentación: Lourdes Pérez González**, profesora jubilada e integrante del Instituto Universitario en Género y Diversidad de la Universidad de Oviedo y de la Asociación Feminista de Asturias/AFA

4ª JORNADA. MESA

30 de noviembre, jueves, 18:30h. Ateneo Obrero de Xixón

"Sanación y apoyo mutuo al margen del sistema de salud"

- Alba Suárez Secades . **Hierbabuena**, Asociación para la salud mental. *"Salud mental en primera persona desde una mirada feminista"*
- Cata del Riego. **Psindicato Toc-hadas**. *"(h)Artes"*
- Alba López. **Colectivo Abrazos verdes**
- CLAUSURA: Asociación Feminista de Asturias/AFA

Principado de Asturias — Universidad de Oviedo — Ateneo Obrero de Gijón

INTRODUCCIÓN

La salud de las mujeres está en la agenda de AFA desde sus orígenes, a finales de los años setenta del siglo pasado, como tema de interés, de discusión y, por supuesto, de trabajo. Es una preocupación permanente y una ocupación cuando encontramos la oportunidad. Si en el último cuarto del siglo pasado la tarea feminista se centraba en conquistar derechos, el derecho a la salud, como algo más que la mera ausencia de diagnóstico de enfermedad, era fundamental para nosotras, para que las mujeres pudiéramos ser dueñas de nuestros cuerpos. Significaba también poder decidir si queríamos ser madres o no y cuándo, cómo y con quién. El acceso libre y desde el sistema de salud a los anticonceptivos, incluyendo información y formación; el derecho al aborto y su larga lucha; la información y educación afectivo-sexual (aún pendiente de desarrollo en nuestro sistema educativo); la despatologización del embarazo y el parto y también la atención a enfermedades como la bulimia y la anorexia y el exceso de uso de psicofármacos para atender a nuestros malestares, la polémica vacuna contra el VPH, la endometriosis, la relación de la salud con determinantes como las condiciones laborales, ambientales, sociales, educativas, etc., han sido asuntos de debate feminista a lo largo del tiempo.

Si nos limitamos a lo que hemos publicado, en febrero de 2009 nuestro Cartafueyu Feminista n.º 3 estuvo dedicado a las ponencias de un encuentro realizado bajo el título *El cuerpo y la libertad de las mujeres. La lucha feminista por el control de nuestro cuerpo*[1]. En diciembre de ese mismo año el n.º 4 lo dedicamos a un trabajo sobre *El proceso de exclusión de las sanadoras en el contexto de la «caza de brujas»*[2]; en junio de 2010 un n.º extra, *¿Nosotras decidimos?*[3], recogía el trabajo de un encuentro de organizaciones feministas asturianas sobre el aborto, celebrado en noviembre del año anterior. Ya en 2019, el n.º 15, *Hablamos de nuestra salud*[4], recogía los materiales de unas jornadas celebradas a lo largo de ese año en el que se

[1] VV. AA. (2009): *El cuerpo y la libertad de las mujeres. La lucha feminista por el control de nuestro cuerpo*. Cartafueyu Feminista n.º 3. AFA. Ed. Trabe, Uviéu.

[2] Uría Urraza, Marian (2009): *El proceso de exclusión de las sanadoras en el contexto de la «caza de brujas»*. Cartafueyu Feminista n.º 4. AFA. Ed. Trabe, Uviéu.

[3] VV. AA. (2010): *¿Nosotras decidimos? II Jornada feminista sobre el aborto. 7/11/2009*. Cartafueyu Feminista extra. AFA. Ed. Trabe, Uviéu.

[4] VV. AA. (2019): *Hablamos de nuestra salud*. Cartafueyu Feminista n.º 15. AFA. Ed. Trabe, Uviéu.

abordaron los problemas del VPH y su vacuna, la endometriosis, la medicalización del parto y el estado general de salud de las mujeres en Asturias.

Este año en AFA lo teníamos claro antes de que el «asunto de la salud mental» se convirtiera en centro mediático de la política sanitaria institucional para el año 2023. Llevábamos tiempo queriendo hablar del abordaje de «los malestares» de las mujeres, de los padecimientos psíquicos, físicos y sociales que en muchos casos confluyen, nos causan dolor y nos enferman. De la sobremedicación farmacológica en las mujeres. De la locura a la salud mental, queríamos hablar de diagnósticos y tratamientos, qué falta, qué sobra, qué necesitamos, desde dónde miramos, desde dónde se nos mira, dónde estamos y qué tenemos para atendernos, cuidarnos, sanarnos. Y esa fue la razón para organizar este ciclo de charlas *Óptica feminista para la salud mental de las mujeres*, que dan lugar a esta publicación, en la que recogemos los textos que nos han enviado las ponentes de las distintas sesiones.

Somos conscientes de las limitaciones de estas jornadas para atender todas las respuestas que necesitamos pero al menos pueden ser un comienzo para que entre todas nos hagamos más preguntas y tratemos de abrir caminos a posibles respuestas que nos tengan más en cuenta y que atiendan nuestras diferencias y nuestras necesidades.

Fueron cuatro sesiones a lo largo del último trimestre del año, en las que tratamos de acercarnos a distintos aspectos y desde distintos ámbitos. Comenzamos con una mesa introductoria en la que participaron tres profesionales de nuestra sanidad pública: Lina Menéndez, trabajadora social; Tina Ibáñez y Eugenia Díez, psicólogas clínicas. Su experiencia y tarea cotidiana desde el trabajo social y la psicología clínica fueron el punto de partida. En la segunda sesión, Paula Marín[5] nos interpeló también desde su experiencia, como psicóloga clínica en el ejercicio privado, para plantearnos ese «ser mujer» como factor de riesgo para el trastorno de salud mental. En la tercera sesión nos trasladamos al ámbito de la investigación, de la mano del conocimiento de la psiquiatra y doctora de la Universidad de Málaga, Celia García Díaz, que nos hizo un relato histórico de la locura a la salud mental. Y para cerrar las jornadas otra mesa, esta vez integrada por miembros de asociaciones y colectivos que trabajan en y con grupos de apoyo mutuo y terapéutico al margen del sistema público, integrados por pacientes y terapeutas que nos acercaron al tema desde el ámbito comunitario y de vivencias personales. Los colectivos que participaron fueron: Hierbabuena. Asociación para la Salud Mental (Alba Suárez), Psindicato Toc-hadas (Cata del Riego) y Colectivo Abrazos Verdes (Alba López)[6].

[5] El texto de esta intervención no se ha podido recoger en esta publicación al declinar la ponente enviarnos el texto.

[6] Desde este colectivo también declinaron trasladarnos el texto de su intervención.

Agradecemos el interés, disponibilidad y colaboración a todas las personas que participaron en las jornadas, a las ponentes, a las presentadoras y a las asistentes. También damos las gracias a quienes nos han echado una mano para hacerlas posibles, a la Universidad de Oviedo y al Ateneo Obrero de Gijón, que nos han facilitado los espacios para los encuentros, y al Instituto Asturiano de la Mujer, que nos ayudó a financiarlas, y a las compañeras que han estado pendientes de los detalles en cada sesión. Nuestra gratitud además para Kaila San Fabián, diseñadora de los carteles, por haberse inventado tiempo para nosotras y por su paciencia ante nuestros requerimientos urgentes; así como nuestro reconocimiento a Esther Prieto y Samuel Castro, de Editorial Trabe, por su compromiso con nuestras ediciones y nuestras causas.

Recordamos que el objetivo de nuestros textos es que sirvan de dinamizadores del debate, alimentándolo y ayudando a mantener los temas en la agenda feminista, por lo que os animamos a utilizarlos y, si lo consideráis oportuno, a trasladarnos vuestras aportaciones y opiniones al respecto.

GLORIA GARCÍA NIETO
Presidenta de AFA

Abordaje del malestar de las mujeres desde Salud Mental: tarea en construcción

Jornadas para un otoño violeta

ÓPTICA FEMINISTA PARA LA SALUD MENTAL DE LAS MUJERES

AFA
Asociación Feminista de Asturias

D.L.: AS-01933-2023

1ª JORNADA mesa

5 de octubre jueves 18:30h

Aula Magna Edificio Histórico Universidad de Uviéu

"Abordaje del malestar de las mujeres desde salud mental: tarea en construcción"

Lina Menéndez: Trabajadora social, salud mental.

"Más allá de la queja: análisis y contexto de la demanda de las mujeres en salud mental"

Tina Ibáñez: Psicóloga clínica del HUCAB y vicepresidenta de la SEGPA.

"Nuevas demandas en la atención a la salud mental"

Dra. Eugenia Díez: Psicóloga clínica del HUCA.

"Trauma, cuerpo y mujer"

Presentación: Gloria García-Nieto, presidenta de la Asociación Feminista de Asturias/AFA

Principado de Asturias

Universidad de Oviedo

MAS ALLÁ DE LA QUEJA: ANÁLISIS Y CONTEXTO DE LA DEMANDA DE LAS MUJERES EN SALUD MENTAL

por Lina Menéndez Sánchez

A modo de introducción

Las mujeres que trabajamos en la atención de la Salud Mental constatamos con preocupación la mayor incidencia de mujeres en las consultas de Salud Mental, y de atención primaria, mayor frecuentación, mayor consumo de psicofármacos.

Antes la histeria[1], como sufrimiento que paraliza el cuerpo, como grito de dolor, ahora las quejas somáticas, el dolor músculo-esquelético, cansancio, fatiga, tristeza, apatía, irritabilidad, angustia, los intentos de autolisis... constituyen formas alternativas de comunicación que sustituyen a la palabra y sobre todo a la acción, a la toma de decisiones. Observamos también cómo las mujeres ya en atención primaria inician un camino con tratamientos para ese dolor indefinido, antiinflamatorios, relajantes musculares; opiáceos, antidepresivos, aun en porcentajes muy pequeños. Pero cada vez más, algunas mujeres optan por los tratamientos psicoterapéuticos y técnicas corporales que dan buen resultado por lo que tienen de actitud activa y participativa de la paciente en su propio tratamiento y de la adquisición de estrategias propias de afrontamiento.

Recurrir a los servicios de salud para buscar ayuda es esperable en las mujeres, ya que, por razones sociales, nos acercamos más al sistema sanitario como principales responsables del cuidado a familiares y allegados, tal como se nos asigna en «el mandato social».

Los prejuicios sexistas y valoraciones sociales sobre las mujeres a las que los profesionales sanitarios no son ajenos influyen en la forma en que nuestro malestar es escuchado y atendido.

La mujer espera que en consulta médica «se la atienda y escuche» y se dé nombre a su malestar; el diagnóstico médico confirma «la seriedad de su sufrimiento» y la necesidad de ser cuidada.

---

[1] Emilce Dio Bleichmar en *El feminismo espontáneo de la histeria: estudio de los trastornos narcisistas de la feminidad*, explica el cuadro de la histeria en la mujer tanto como un acotamiento de los estereotipos de género como un rechazo de los mismos. Actualmente no se reconoce la histeria como una enfermedad, se considera que su diagnóstico se debió a un sesgo de género.

Si en los servicios sanitarios no se consideran los riesgos sociales específicos a los que nos enfrentamos las mujeres por el hecho de serlo, ni las formas en que se espera que expresemos nuestro malestar, aumenta la posibilidad de que no se diagnostique adecuadamente.

El contacto es puntual, nos disecciona, se inicia una espiral de consultas, analíticas y de respuestas puntuales de consultas a especialistas y respuestas farmacológicas. El dolor, la queja, la expresión de sufrimiento se «apacigua» con fármacos.

La etiqueta del diagnostico contribuye a enmascarar aquello que no puede ser dicho de otro modo y sobre todo a desresponsabilizarnos de nuestro propio proceso (valor comunicacional del síntoma).

Es un reto para las mujeres que profesionalmente trabajamos en salud, en salud mental en concreto, y estamos comprometidas de una manera especial en entender qué emerge tras la queja, buscar palabras para decir lo que sentimos las mujeres, las causas del malestar… y decirlo en voz alta.

Pensando con perspectiva de género

Este concepto tiene que ver fundamentalmente con las adscripciones sociales, culturales, roles, funciones, valoraciones, expectativas de comportamiento, etc., que las sociedades en su evolución han venido asignando o a los hombres y las mujeres, aquella aproximación a la realidad que permite tomar conciencia de la forma en la que las funciones, actitudes y relaciones de mujeres y hombres operan en detrimento de la mujer y propone alternativas a estas no basadas en la desigualdad.

Las mujeres en general estamos en posiciones de desigualdad respecto a los hombres que se concretan en aspectos tan decisivos como la división del trabajo, en la responsabilidad de los cuidados de hijos y personas dependientes, en las tareas domésticas, en el empleo, ocupamos puestos de menor rango en el trabajo, en los sueldos, en la educación-formación, en las cargas familiares, en la participación-no participación social, en puestos de poder y responsabilidad social, económica, cultural y, con frecuencia, están amenazadas en su integridad física y psíquica (violencias, asesinatos, pobreza, etc.).

Depresión-ansiedad

La dependencia económica, la sobrecarga de tareas, el mandato social de los cuidados originan una situación de indefensión, inseguridad y disminución de la autoestima y la dependencia emocional. Las mujeres nos vemos más implicadas en la familia y la pareja para satisfacer sus necesidades afectivas siendo más vulnerables a las situaciones de conflicto que se pueden generar.

Esta dependencia afectiva y económica, la situación de falta de oportunidades y vulnerabilidad puesta en relación con acontecimientos vitales estresantes son factores provocadores de la depresión, implican una mayor tolerancia a la agresión para evitar el abandono (violencia doméstica, maltrato físico, psicológico y estrés).

El género, vinculado a los roles (los papeles que cada sociedad asigna a hombres o mujeres), afecta a nuestras condiciones de salud.

Los determinantes sociales de la salud mental

Según la Encuesta Nacional de Salud (ESA 2020, citada en el análisis de situación del Plan de Salud Mental para Asturias 2023/2030) la posición en el mercado de trabajo y las condiciones de empleo, las funciones de cuidado, el consumo de fármacos, el maltrato/abuso, el menor apoyo social o la presencia de enfermedades crónicas, son todos determinantes sociales de la salud mental en las que las mujeres presentan peores indicadores que los hombres. La acumulación de varios de ellos explica de forma inequívoca el peor resultado de la salud mental de las mujeres frente a los hombres.

Los determinantes sociales de la salud mental asociados al género, plantean una situación de menor protección de las mujeres, como grupo poblacional, frente a los problemas de salud mental, o mayores dificultades para alcanzar el bienestar emocional.

Existe una relación probada entre la salud mental y el género. La condición laboral o los roles sociales son apuntados en diferentes estudios como determinantes de la mala salud mental de las mujeres. Estas disponen de menos recursos económicos, menor autonomía y combinan con más frecuencia e intensidad el trabajo fuera de casa con las tareas domésticas y de cuidado (con diferencias, según edad, formación y grupo social de referencia).

Los estereotipos de género pueden causar un sobrediagnóstico y medicalización de las mujeres que incide en la mayor prevalencia de consumo de fármacos.

Según una revisión de estudios los trastornos mentales más comunes en Europa son la ansiedad y el insomnio, con prevalencias del 14 % y del 7 %, respectivamente, y son más comunes en las mujeres.

Los datos de la Encuesta Nacional de Salud (2017) ilustran bien estas diferencias en población adulta. Los diagnósticos de depresión y ansiedad en mujeres duplican las cifras de los hombres, los intentos de suicidio son, aproximadamente, tres veces más frecuentes entre nosotras, y de cada 10 personas que consumen antidepresivos o ansiolíticos, más de ocho son mujeres.

En atención primaria ocho de cada 10 personas que consultan por síntomas para los que no se encuentra causa médica (dolor inespecífico, problemas de sueño, palpitaciones, vértigo, cansancio, irritabilidad...) somos mujeres.

Atencion en salud mental en Asturias

La ESA 2017 refleja que un 17,4 % de la población tiene problemas de ansiedad/depresión, con diferencias intersexuales significativas; 21 % en mujeres frente a un 12 % en hombres.

En la atención a personas adultas los datos de incidencia y prevalencia de Asturias presentan diferencias en función del sexo. Con más casos de trastornos del humor, neuróticos y de la conducta alimentaria en mujeres, mientras que el resto de grupos diagnósticos son más frecuentes en los hombres.

En la atenció infanto-juvenil los problemas más frecuentes son los transtornos del comportamiento en la infancia y la adolescencia, predominando los niños y adolescentes sobre las niñas (Datos de prevalencia e incidencia. Plan de Salud Mental para Asturias 2023-2030).

En menores de 15 años hay un importante número de diagnósticos del Eje III (problemas psicosociales). En niñas son más frecuentes los trastornos neuróticos y de conducta alimentaria y los problemas de las emociones y el comportamiento en la infancia; mientras que en niños aparecen con más frecuencia los trastornos generalizados del desarrollo, los hipercinéticos y los disociales. En el resto apenas hay diferencias en la incidencia por razón de sexo.

Vulnerabilidad y género en la demanda de las mujeres en salud mental

Ahondando en las condiciones que vivimos las mujeres en nuestro entorno, que suponen factores de riesgo para una peor salud mental, destacaremos:

- Problemas derivados de la dependencia afectivo-económica.
- Hogares monoparentales, feminización de la pobreza.
- Dificultades de acceso al empleo, precarización del empleo-desventajas laborales.
- Discriminación vinculada a la maternidad y el cuidado de los hijos.
- Mujer cuidadora de personas mayores y dependientes, proveedoras de cuidados informales.
- Indefensión aprendida, vulnerabilidad ante la violencia.
- Envejecimiento y soledad.

En general, las mujeres, aun con niveles de estudios similares a los de los hombres, vivimos situaciones laborales más precarias como el empleo a tiempo parcial, que responde, en gran medida, a la necesidad de atender el cuidado de familiares, que social y culturalmente recae en las mujeres.

El mandato social de género asume que el cuidado es parte del rol femenino y el cumplimiento de ese rol favorece nuestro peor posicionamiento en el empleo, en el ámbito social, etc. A su vez, esas peores condiciones acaban teniendo impacto en nuestra salud.

También los roles de género afectan a los estilos de vida. En comparación con los hombres, las mujeres dedicamos menos tiempo al descanso, al deporte, a actividades de ocio o a nuestros propios intereses, en parte, porque la dedicación a los cuidados (de los demás) nos impide dedicar tiempo a nuestro propio cuidado.

Así, múltiples factores como el género interaccionan entre sí para configurar situaciones más beneficiosas o más perjudiciales para la salud mental de cada mujer.

Además, en un círculo vicioso, nuestro padecimiento de problemas de salud mental genera situaciones vitales aún más adversas. Padecer un problema de salud mental, especialmente si es grave y llega a producir discapacidad, se convierte en un fenómeno que se denomina doble o triple discriminación (por razón de sexo, enfermedad mental y discapacidad).

Las mujeres en el ámbito laboral tenemos una tasa de paro mayor que la de los hombres. El trabajo a tiempo parcial es hasta cuatro veces más frecuente entre nosotras que en los hombres, ingresamos miles de euros menos que los hombres anualmente, tanto por salario como por pensiones. La tasa de pobreza de las mujeres supera a la de los hombres: baja calidad del empleo de las mujeres y predominio de la jornada a tiempo parcial, actividad en empleos de escasa cualificación, salarios más bajos o empleo sumergido (limpieza, cuidados, atención personal).

La reducción de posibilidades de desarrollo profesional al tener que trabajar dentro y fuera de casa y que, por el hecho de hacernos cargo de nuestras familias, no podemos realizar actividades que suelen ser tenidas en cuenta para ascender (formación, investigación, estar disponible fuera del horario habitual, etc.).

Mujeres con doble jornada y problemas de conciliación, con frecuencia, abandonan sus puestos de trabajo, reducen sus jornadas, solicitan permisos o excedencias, perdiendo, una vez más, poder adquisitivo inmediato (salario) y futuro (pensiones). Además, la sobrecarga de la doble jornada tiene costes directos en salud mental, una vez más, costes de tipo emocional (estrés, ansiedad, depresión) junto a problemas osteomusculares.

Las mujeres estamos al frente de gran parte de los hogares monoparentales con menores a cargo. La mayoría de estos hogares están en riesgo de exclusión y pobreza (Informe AROPE).

Analizando algunos datos del Salario Social Básico en Asturias, el 64,59 % de titulares de él son mujeres, el 52,78 % de las beneficiarias son mujeres y el 91 % de las familias monomarentales/monoparentales beneficiarias están encabezadas por mujeres (Fuente: Observatorio Asturiano de Servicios Sociales OBSERVASS 2022).

En los últimos años se observan ciertas tendencias sociales que nos llevan a apreciar una creciente presencia de las mujeres entre las personas en situaciones de vulnerabilidad/exclusión. Se atribuye este fenómeno a factores demográficos, como el aumento de la población de mujeres mayores y la discriminación económica.

Las mujeres vivimos más años que los hombres, pero con peores condiciones de salud, además, la última etapa de nuestra vida, de mayor vulnerabilidad física y económica, la afrontamos solas. En Asturias, con un alto indice de envejecimiento de la población, aislamiento geográfico y soledad no deseada, debemos prestar mayor atención a las mujeres mayores y sus condiciones de salud, con el acercamiento de servicios y apoyos.

Por otro lado existe discriminación económica, las mujeres somos el grupo social más importante de economía sumergida con bajos salarios y sin protección del sistema de Seguridad Social.

Las mujeres en familias monoparentales se empobrecen por motivos relacionados con diversos factores: la maternidad/natalidad en solitario, separación, divorcio, viudedad, aunque las madres «solas» ya no es un fenómeno marginal y poco ligado a la decisión de la mujer sino que para algunas mujeres es una opción.

Otro elemento comentado de la mayor vulnerabilidad de las mujeres es que estas son en su mayoría las que realizan los cuidados informales en salud.

Además de la maternidad y la crianza, cuyo impacto en la salud mental requeriría un estudio amplio no posible en este análisis de aproximación al contexto de la demanda, debemos valorar el impacto en la situación social y sanitaria de la mujer de todo lo que se ha dado en llamar «cuidados informales en salud», tanto de atención a la vida diaria de las personas dependientes (alimentación, higiene, etc.) como en la contención psicológica de los mismos. Sin duda la mujer es mayoritariamente la prestadora de este tipo de cuidados, suele ser la cuidadora principal, en muchas ocasiones, también la mujer de avanzada edad y con problemas de salud propios. Sobre ella recae la creación de salud en el sistema doméstico (alimentación, higiene, el cuidado de la enfermedad, usuaria del sistema de salud, no solo para sí misma, sino para su familia) y el cuidado de personas dependientes, discapacitados, enfermedades de larga duración, etc.

Estas tareas, realizadas en condiciones de aislamiento y la falta de apoyo, da lugar a situaciones de gran sobrecarga física y emocional que se ve agravada por la responsabilidad de cuidados a veces largos y penosos, con las pérdidas emocionales y de independencia que esto supone, frenando sus propias posibilidades de acceso a las oportunidades sociales y aumentando su vulnerabilidad.

Según la ESA 2020 la mayor diferencia entre mujeres y hombres se da en el cuidado de menores. Las mujeres declaran hacerse cargo de su cuidado en solitario en el 37,4 % de los casos, mientras que los hombres solo lo hacen en un 9 %. Ocurre a la inversa en el caso de declarar compartir esta tarea con la pareja: por esta respuesta se decantan más los hombres (54,5 % *vs.* 34, 6 %).

El cuidado de personas mayores también se reparte de manera desigual en los hogares. El 41,6 % de mujeres se hacen cargo en solitario y un 5,2 % comparte con su pareja esos cuidados. Por su parte, solo el 21 % de los hombres declara ocuparse en solitario de esta tarea y dice compartirla el 15,2 % de las veces.

Dentro del colectivo de personas que manifiestan realizar tareas de cuidado, un 32,8 % han tenido cansancio, un 24,5 % dolores de espalda, un 13,3 % procesos de estrés, y una de cada nueve depresión o tristeza.

De cada uno de los síntomas/signos padecidos, las mujeres tienen más frecuencia de impacto en casi todos. Así refieren 2,5 veces más cansancio que los hombres, casi el doble de dolores de espalda, estrés, depresión y tristeza, y 60 % más dificultades para dormir (ESA 2020).

Las mujeres cuidadoras presentan diferencias significativas frente a las que no lo son en el número de enfermedades, consultas sanitarias, malestar psicológico, ansiedad, depresión y apoyo social. La carga percibida por las mujeres se relaciona con la incapacidad funcional de la persona cuidada, horas de cuidado, apoyo social y variables de salud mental, y en los hombres con variables de salud mental. La ansiedad y el apoyo social predicen el 32 % de la variabilidad de la carga percibida. Factores como tener más de 55 años, percibir una peor función física y sentirse menos vital son algunas variables asociadas a la aparición de depresión y sobrecarga.

Estas situaciones se detectan en la demanda a los servicios de salud mental:

- Problemas de sueño.
- Pérdida de energía, fatiga.
- Aislamiento.
- Consumo excesivo de algunas sustancias.
- Problemas físicos.
- Dificultad para concentrarse.
- Aumento o disminución del apetito.

- Enfadarse fácilmente.
- Cambios frecuentes de humor.

Según el Análisis de datos del Sistema de Autonomía y Atención a la Dependencia en Asturias el perfil de solicitantes de valoración de dependencia es 63 % mujeres y 37 % varones. En el grupo de edad 65-79 –representa un 22 % de solicitudes– se igualan. En grupo de 80 y más –que representa un 52 % de solicitudes– la correlación es 60,4 % M y 38,6 % V y en los demás grupos con menos incidencia predominando varones sobre todo en los menores de 18).

Si analizamos el perfil de las personas con derecho, es el de mujer de 80 años en un 63 % y respecto al cuidador principal, el 73 % son mujeres de 50-66 años (hija 34 %, madre 24 % y cónyuge 20 %).

La indefensión aprendida y la vulnerabilidad a las situaciones de violencia de genero

Las mujeres sufrimos agresiones psicológicas, físicas o sexuales. La forma en que está ordenada socialmente nuestra vida, violenta nuestro día a día.

En España, según la macroencuesta de Violencia contra la Mujer (2020), una de cada dos mujeres ha sufrido algún tipo de violencia machista a lo largo de su vida. Un 40 % ha sufrido acoso sexual. Un 32 % ha sufrido violencia en el marco de la relación de pareja y un 13,7 % ha sufrido violencia sexual a lo largo de su vida.

La «Violencia estructural que se dirige hacia las mujeres con el objeto de mantener o incrementar su subordinación al género masculino» es gradual, desde el aislamiento social de la pareja, degradación, amenazas, demandas constantes, maltrato ambiental, humillaciones públicas hasta el maltrato físico y agresiones.

En el cuidado a la demanda de las mujeres en salud mental debemos prestar una especial atención a quejas, síntomas, demandas para la detección de estas situaciones y su abordaje, sin que queden silenciadas en un diagnóstico.

Las principales consecuencias de sufrir violencia machista se manifiestan a nivel cognitivo: identificación con el agresor, confusión, disociación; a nivel afectivo: culpa, inhibición, vergüenza, ira; a nivel comportamental: fracaso en la autoprotección; a nivel socio-afectivo: aislamiento, dependencia emocional, desconfianza, alteraciones de la sexualidad, miedo; a nivel sociolaboral y educativo: sensación de incompetencia, abandono de iniciativas, pasividad, no constancia; a nivel somático: insomnio, debilitamiento del sistema defensivo, fatiga crónica.

Identificar y abordar estas situaciones requiere a veces de apoyos específicos (derivación a Equipo Psicosocial de Salud Mental) y coordinación con otras instancias de apoyo, grupal y comunitario para ayudar a recuperar el control de su propia vida en un proceso que precisaría recorrer un camino de nuevos significantes.

• Aceptación como persona «maltratada»/reparación de la dignidad.

• Recuperación/adquisición de su valor-autoestima. Percibir aceptación, vínculo terapéutico.

• Reparación de la memoria/reconstrucción de la historia personal (disociación).

• Recuperación cognitiva/construcción de significados propios: se ha adecuado a definiciones impuestas, ha perdido la capacidad de establecer significantes «él me decía que».

• Reparación de la libertad personal/pequeñas decisiones y responsabilidades.

• Recuperación de la seguridad personal.

• Creación de vínculos respetuosos y sanos.

Por último, quiero prestar una especial atención a las mujeres con discapacidad.

Ser mujer y persona con discapacidad es un elemento multiplicador de la discriminación. La invisibilidad de las mujeres discapacitadas, en el discurso y en la acción de las políticas de inclusión de la discapacidad, del análisis desde la diversidad funcional del discurso feminista, multiplica su situación de vulnerabilidad.

Al analizar cualquiera de los indicadores que tienen que ver con el acceso a recursos como la educación, la formación, el empleo, mujeres con discapacidad presentan las mayores carencias y, por tanto, se encuentran en peor situación y condiciones de vida tanto si se estudia el conjunto de las mujeres como si lo hacemos en relación al conjunto de las personas con discapacidad.

Las mujeres y las niñas con discapacidad suelen estar expuestas a un riesgo mayor, dentro o fuera del hogar, de violencia, lesión o abuso, abandono o trato negligente, malos tratos o explotación.

Presentan mayores factores de vulnerabilidad ante la violencia o el abuso.

La doble devaluación por ser mujer y tener discapacidad favorece que se las perciba como asexuales, pasivas, ignorantes y, por tanto, «presas fáciles», muchas mujeres que sufren abusos los podrían aceptar como una conducta normal.

La menor autoestima y menosprecio de su propia imagen, la sobreprotección que reciben por parte de su entorno, los estereotipos sociales internalizados y las reducidas expectativas sociales hacen que perciban estos abusos como algo normal que retribuye la carga derivada de los apoyos y cuidados recibidos.

Una socialización paternalista, que potencia valores de complacencia y obediencia unida a mayor o total dependencia de terceras personas para el cuidado. Esta dependencia de otros favorece comportamientos de obediencia y sumisión, pues el enfrentamiento puede implicar la retirada del apoyo y la pérdida de vínculos.

La creencia de que se muestren más sumisas y acepten las situaciones de violencia o tengan miedo a contarlas, la falta de autonomía para realizar actividades de cuidado personal, que posibilita una mayor accesibilidad a su cuerpo a las personas que proporcionan cuidados, la consecuente pérdida de intimidad facilita el abuso sexual en determinados ambientes y ante determinadas personas.

En aquellas mujeres que presentan dificultades de aprendizaje y de comunicación se potencia aún más el riesgo de abuso o violencia.

Las mujeres con discapacidad intelectual y limitaciones en el funcionamiento cognitivo pueden tener problemas para el reconocimiento de la experiencia como maltrato o abuso y la búsqueda de ayuda.

La falta de credibilidad atribuida por el hecho de presentar una discapacidad, especialmente en aquellas mujeres que tienen dificultades de comunicación o intelectuales, minimiza y entorpece aún más su capacidad para interponer una denuncia; el miedo a denunciar por la posibilidad de la pérdida de los vínculos y la provisión de cuidados; la falta de adecuación de los instrumentos, entrevistas y procedimientos que permiten detectar los abusos cometidos hacia estas mujeres (accesibilidad universal).

Pueden aparecer dificultades para recordar aspectos específicos de la situación de violencia que intentan comunicar. Falta de autonomía suficiente para denunciar ya que frecuentemente los abusadores son adultos con los que convive y que le proporcionan ayuda y/o cuidados, por tanto, será más difícil enfrentarse a ellos para denunciar lo que está ocurriendo.

Fuentes citadas

1. Plan se Salud Mental para Asturias 2023-203-0. Consejería de Salud del Gobierno de Asturias, información citada:

Ministerio de Sanidad. (2017). *Encuesta Nacional de Salud de España 2017*; Ministerio de Sanidad. Secretaria de Estado de Sanidad y Delegación del Gobierno para el Plan Nacional sobre Drogas. Observatorio Español de las Drogas y las Adicciones. Encuesta sobre Alcohol y Drogas en España (EDADES). 1995-2019/2020.

2. SISAD, Sistema para la Autonomía y Atención a la Dependencia (información estadística), IMSERSO, Secretaria de Estado de Derechos Sociales-Ministerio de Derechos Sociales y Agenda 2030.

3. Macroencuesta de Violencia contra la Mujer, Subdirección General de Sensibilización, Prevención y Estudios de la Violencia de Género (Delegación del Gobierno contra la Violencia de Género). Edición: Ministerio de Igualdad 2020

4. Observatorio Asturiano de Servicios Sociales, OBSERVASS 2022.

5. Informe AROPE. El Estado de la Pobreza en las Comunidades Autónomas, Coordinación: Secretaría Técnica EAPN 2023.

Lecturas consultadas

Dio Bleichmar, Emilce (2009): *El feminismo espontáneo de la histeria*, Siglo XXI Ed.

Durán Heras, María Ángeles (2020): *La riqueza invisible del cuidado*, Col. Honoris Causa, Universidad de Valencia.

González de Chaves, Asunción. «Mujer: Cultura, identidad y salud mental», *Revista de la Asociación Española de Salud Mental* (AEN) 40 y 41, Ediciones Aran.

Valls Llobet, Carme (2020). *Mujeres invisibles*; Capitán Swing Libros.

Nota

Este texto es la transcripción de la participación en una mesa redonda sobre la salud mental de las mujeres organizada por AFA en Oviedo en octubre de 2023.

Véase, pues, no como algo redondo o acabado, sino como ideas para una aproximación con mirada larga al contexto de la demanda de las mujeres en salud mental cada uno de los determinantes y condiciones presentados requeriría de un analistas exhaustivo.

NUEVAS DEMANDAS
EN LA ATENCIÓN A LA SALUD MENTAL

por Faustina Ibáñez Pascual

Hablar de que las mujeres tienen una forma singular de enfermar puede parecer obvio en este momento, pero en realidad, esta consideración ha sufrido cambios a lo largo de la historia.

La salud es una más de las atribuciones de la categoría mujer que va pareja a su condición de ciudadana. Y la salud mental, todo lo relacionado con el malestar psíquico de la persona, está por tanto incluida en esta conceptualización.

A lo largo de este capítulo se expondrán algunas de las características de la demanda que las mujeres realizan en los servicios públicos de atención, tanto sociales como sanitarios. Estas demandas suponen un sufrimiento psíquico, un entorno económico-social que lo sustente o favorezca, un acontecimiento vital que lo haga detonar y una expresión más o menos evidente, a través de la enfermedad física o somática, de una forma aguda.

Estamos por lo tanto ante un concepto de salud que no se va a referir al modelo biomédico de enfermar, sino a una perspectiva biopsicosocial, ecosistémica (Bronfenbrenner, 2002), con distintos niveles de análisis y de integración de lo biológico, lo psicológico y lo social (Caparrós, 2012-2013).

Se ha hablado mucho acerca del paternalismo con el que el modelo biomédico ha tratado los condicionantes de salud de las mujeres, la sexualidad femenina, la maternidad o el cuerpo de la mujer; queremos contribuir con la aportación de otros aspectos de la demanda de las mujeres y así abrir el campo de análisis de la salud de las mismas.

El modo en que analicemos este fenómeno va a determinar la forma de actuación y de desarrollo de políticas de salud pública y comunitaria, basadas en la igualdad. Como ya planteara la filósofa Celia Amorós, «conceptualizar bien, es siempre politizar bien y es básico en el feminismo» (Amorós, 2005), la forma de crear una sociedad igualitaria.

Encuadre

En la Grecia clásica, los estudios de Hipócrates, Galeno y Aristóteles señalan que existen en efecto diferencias entre la salud y la enfermedad, física y mental, de las mujeres y los hombres, basándose siempre en la naturaleza imperfecta de las primeras. Su salud estaba positivamente relacionada con la maternidad y con las relaciones sexuales con varones.

Entre otros aspectos, consideraban que la naturaleza más fría del cuerpo de la mujer estaba en la base de la menor actividad y fuerza de la misma. Aristóteles, tal como recuerda Victoria Sau, marcó un retroceso respecto a Hipócrates, señalando que «la forma de un ser humano se debía exclusivamente al varón, y la mujer quedaba reducida a pura materia», a puro recipiente (Sau, 2006). De la semilla del macho nace el fruto porque es más fuerte que la de la hembra, más fría e inactiva.

Galeno relacionaba la «sofocación histérica» con la baja temperatura corporal de las mujeres, con el «útero errante» y con la falta de relación sexual con varón. Las viudas, jóvenes, nulíparas y estériles sufrirían, por lo tanto, estas afecciones en mayor medida (Wenting Sun, 2020).

La psiquiatra y psicoanalista Sara Velasco (Barcelona, 2009) describe de forma exhaustiva y brillante cómo en el siglo XVII, la Ciencia Moderna, institucionalizada en Inglaterra por la Royal Society introduce el paradigma biomédico de enfermar (ligado a un trastorno anatomo-fisiológico, biológico), añadiendo más adelante el modelo infeccioso de Koch y Pasteur (siglo XIX), que busca el agente causal de la enfermedad y el fármaco necesario para su eliminación. La industria farmacéutica ha perpetuado este modelo hasta la actualidad, siendo el médico el actor principal del mismo.

Sin embargo, en salud mental, esta forma de proceder no es adecuada, ya que ni en patologías prevalentes como la depresión y la ansiedad ni en otras donde se evidencia un deterioro cognitivo (como las psicosis) se han podido hallar agentes causales orgánicos.

Es entonces en los años cincuenta, cuando se decide definir las enfermedades psiquiátricas no por su etiología, sino por la agrupación de signos y síntomas con que se manifiestan: complejos sindrómicos. Las DSM (Diagnostical and Statistical Manual o American Psychiatric Association) y las CIE (Clasificación Internacional de Enfermedades, OMS) son su resultado. Este producto persiste hasta la actualidad y es la base diagnóstica y de tratamiento psicofarmacológico psiquiátrico de los servicios de Salud Mental.

El problema de base estriba en que estos complejos sindrómicos han sido utilizados por el modelo biomédico y la industria farmacéutica como bases etiológicas del malestar psíquico, identificando la parte por el todo, consideran las alteraciones neuroquímicas inherentes al proceso psíquico como causas últimas de las patologías psiquiátricas, sin atender a factores psicosociales y culturales.

En el caso de la salud de las mujeres, este modelo, junto con la separación de lo biológico y fisiológico de lo psicológico (reduccionismo mente/cuerpo) ha contribuido a la invisibilidad de las formas distintas de enfermar o de mostrar estas su malestar dando una respuesta exclusivamente biomédica y farmacológica a procesos complejos que precisan, además, intervención comunitaria, atención psicológica (individual, grupal) y, por supuesto, autoayuda de grupos de iguales, que eviten tanto yatrogenia como cronificación.

Actualmente, ante la crisis de los sistemas clasificatorios psiquiátricos DSM y CIE ha surgido una propuesta alternativa para entender el sufrimiento humano, realizado por las doctoras en psicología inglesas, Lucy Johnstone y Mary Boyleb: «Marco, Poder, Amenaza y Significado: un sistema conceptual de diagnóstico alternativo».

Asimismo, en las últimas décadas está tomando fuerza el movimiento asociativo de usuarios de la Salud Mental, en especial el llamado En Primera Persona, que enriquece el abordaje multifactorial, multidisciplinar y participativo del malestar psíquico (en este mismo monográfico, se incluye un texto sobre «Sanación y apoyo mutuo al margen del sistema de salud», de las autoras Cata del Riego, del Psindicato Toc-Hadas, Alba Suárez de Hierbabuena. Asociación para la Salud Mental y Alba López, del Colectivo Abrazos Verdes).

El género en las disciplinas de la salud

La consideración de que las mujeres *enferman* (desde el punto de vista psicosocial) de distinta manera que los hombres es algo que tan solo tiene unos 30 años de vida. En las facultades de Medicina de nuestro país, hasta los años ochenta del siglo XX se estudiaba que las enfermedades no tenían sexo, que hombres y mujeres son iguales en el enfermar y por lo tanto en los tratamientos. La diferencia se centraba únicamente en la ginecología y en la obstetricia.

Tal como ocurrió en otras disciplinas (la Filosofía, la Historia, la historia y la filosofía de la ciencia), el feminismo de la Tercera Ola –Amelia Valcárcel– propició con el acceso de las mujeres a la educación formal que se cuestionara el saber predominante, androcentrista que, en el caso de la Medicina unificaba hombres y mujeres y en Psiquiatría y Psicología consideraba patologías psíquicas de la mujer –la histeria– o la hacía directamente responsable de determinadas enfermedades (la madre «esquizofrenógena», de Frida Fromm Reichman, de la primera mitad del siglo XX).

El enfoque de género se inicia en los años setenta, inspirado en el Colectivo de Boston (Nuestros cuerpos y nuestras vidas). En 1990 se marca un hito en nuestro país con el Congreso de Mujer y Calidad de Vida de Barcelona, impulsado por la endocrinóloga Carme Valls Llobet, abriendo camino al estudio de la morbilidad diferencial en mujeres (se crea la red CAPS, que tiene como objetivo recopilar evidencias científicas sobre las diferencias y desigualdades en salud entre mujeres y hombres).

A nivel mundial, son la conferencia de Beijing en 1995 y la Declaración de Madrid de 2001 de la OMS, las que instan a los estados a que se introduzca la perspectiva de género en salud y determinan la necesidad que los datos de las investigaciones científicas se desagreguen por sexos.

Esto significa algo tan aparentemente obvio como que la máxima instancia de la salud a nivel mundial (OMS) reconozca que la salud de las mujeres está condicionada tanto por lo biológico (genética, epigenética, hormonas, sistema músculo-esquelético y la fisiología) como por lo cultural (o género), es decir lo que se aprende, la subjetividad de los mandatos patriarcales (subjetividad/masculinidad), los roles asignados, y del resto de determinantes de salud: condiciones de vida y trabajo, medio ambiente, clase social, nivel económico, nivel educativo, etnia o estatus migratorio.

En España, el Ministerio de Sanidad en 2004 crea el Observatorio de Salud y Género. Gracias al mismo se reconoce que los problemas de salud de las mujeres van más allá de su ciclo vital y su salud reproductiva, afectando a cualquier problema de salud y a la respuesta que dan los sistemas sanitarios (Velasco, 2009).

> Las mujeres, en todo el mundo tienen peor salud, más enfermedades crónicas y más limitaciones de la autonomía (OMS)

Al analizar las actuales demandas de las mujeres en procesos mentales tendremos en cuenta lo que la OMS señala: «Existe mayor prevalencia en los problemas de salud cuando hay situaciones de: desempleo, bajos ingresos, educación limitada, condiciones estresantes de trabajo, discriminación de género, estilo de vida no saludable y violación de los derechos humanos».

> Las mujeres conforman una población vulnerable de padecer sufrimiento psíquico, así como los hijos que están a su cargo (OMS)

Formas de mostrar el sufrimiento psíquico en Salud Mental a través de datos de la Comunidad Autónoma de Asturias y otras referencias generales

Siendo consciente de que me dejo muchos datos en el tintero, para hablar de las demandas diferenciales de hombres y mujeres en la actualidad he utilizado como base documentos formales del Ministerio de Sanidad (la *Encuesta Nacional de Salud* –ESA–, 2020; el Consumo de psicofármacos (antipsicóticos, ansiolíticos, hipnosedantes y antidepresivos) en la prestación farmacéutica ambulatoria del Sistema Nacional de Salud, 2019-2021, y del Servicio de Salud del Principado de Asturias (SESPA)-Observatorio de Salud del Principado de Asturias; el Plan de Salud Mental de Asturias 2023-2030; el informe sobre Consumo de Psicofármacos en Atención Primaria en el Principado de Asturias 2018-2021) e informales, como memorias de algunos servicios y reflexiones compartidas con colegas de la Red de Salud Mental.

Los estudios realizados en España indican que cuando alguien tiene un problema emocional acude a su Centro de Salud (dos de cada tres personas lo hacen), con manifestaciones muy diversas: estrés psicosocial, estrés postraumático, depresión (leve o severa), angustia, crisis de pánico, fobias, dolor psíquico o corporal, somatizaciones, más o menos invalidantes (migrañas, gastritis, úlceras, dolor, fatiga crónica, ingesta compulsiva, adicciones a alcohol, tabaco, drogas, etc.).

A su vez, esos mismos estudios dicen que dos de cada tres pacientes con estas problemáticas son mujeres, que el consumo de psicofármacos es el doble en mujeres, que en hombres, y que este aumenta con la edad pero disminuye cuanto mayor es el nivel cultural.

> En Asturias, en 2021, los datos del ISPA nos trasladan una tremenda medicalización del sufrimiento psíquico de las mujeres y la continuidad en el tiempo de prescripción. Es decir, cronificación e ineficacia de los medios terapéuticos utilizados.

Las mujeres consumen 2,5 veces más antidepresivos que los hombres, y dos veces más de ansiolíticos (diazepam, lorazepam), hipnóticos y sedantes (lormetazepan). Por su parte, los hombres usan 2,5 veces más de psicoestimulantes.

Se aprecia un patrón de consumo diferencial: mujeres consumen psicofármacos tipo calmante y varones tipo estimulante.

Por distribución geográfica, las áreas sanitarias donde más psicofármacos se prescriben son Mieres, Valle del Nalón y Cangas del Narcea, zonas azotadas por la reconversión minera y quizás más envejecida; donde menos en Oviedo y Gijón, con predominio del sector servicios.

Donde más creció la prescripción de psicofármacos en las mujeres fue en el área de Jarrio.

En Asturias se ha producido un aumento significativo y preocupante en el consumo de psicofármacos en la población entre 15 y 29 años, con un 40 % de mujeres y un 25 % en varones.

Es además, la Autonomía mayor consumidora, con mucho, de ansiolíticos de nuestro país y la segunda de antidepresivos, después de Galicia y antes de Extremadura.

En las conclusiones y medidas a tomar de este estudio del ISPA no se hace ninguna referencia a la alta incidencia de consumo de psicofármacos por razón de sexo.

Respecto a los países de la OCDE, España es el más alto consumidor de psicofármacos de los países mediterráneos (Portugal, Italia, Grecia).

En Asturias, en 2021, los datos de salud mental revelan diferencias claras en función del sexo. Las mujeres piden más ayuda en general y permanecen más tiempo enfermas y presentan más trastornos del humor, neuróticos y de la conducta alimentaria que los varones. En el resto de patologías (trastornos de la personalidad, alcoholismo y otras toxicomanías y esquizofrenia, predominan los varones)

La mala salud mental se asocia claramente a la clase social más desfavorecida y con nivel de estudios primarios, por lo que los servicios han de favorecer la accesibilidad y la igualdad.

Un estudio interno de los Servicios de Salud Mental (Irzábal, A. *et al.*, 2021) encontró que los psicólogos clínicos tenían más confianza en la recuperación del paciente que los psiquiatras y lo relacionaban con la evidencia de que las expectativas del profesional son básicas en el esfuerzo terapéutico y en la buena evolución del paciente.

En la organización asistencial de estos servicios, los psiquiatras atienden a un mayor número de pacientes y más graves, (especialmente trastornos psicóticos y trastornos límites), usando fundamentalmente psicofármacos como tratamiento.

Algo similar ocurre en el caso del trastorno límite de la personalidad (muy frecuente en mujeres), valorado como de «mejor evolución» con el paso de los años que en los varones. La sintomatología de las mujeres, menos disruptiva y externalizante que la de los varones, puede estar en la base de esta diferencia en el pronóstico.

Parece darse por cierto el dicho coloquial de «quien no llora, no mama».

Se sabe que las expectativas del terapeuta, tal como se dijo más arriba, influyen en el esfuerzo terapéutico.

La organización de la asistencia, el tipo de intervención y la relación terapeuta/paciente influye en el esfuerzo terapéutico y en la recuperación del paciente.

Suicidio

> Según datos del INE, después de la pandemia, en 2021, los casos de fallecimiento por suicidio en la edad adulta se mantiene estable a razón de tres varones por cuatro mujeres; por el contrario, en los adolescentes ha evolucionado de tres varones por una mujer, a una mujer por un varón.
>
> Las mujeres realizan más tentativas de suicidio que los varones.

Infancia y adolescencia

Según la percepción de los profesionales, habría un comportamiento diferente en la demanda por sexos en el CSM Infanto-Juvenil: las niñas tenderían a llegar más tarde a la consulta que los niños, con una sintomatología asociada a un sufrimiento psíquico muy grande, con cuadros más complejos y graves y con somatizaciones.

Las niñas presentan una sintomatología más internalizante, menos conductual, y los niños, externalizante. Esta última es la que más llama la atención de padres y profesores. La expresión del malestar por parte de las niñas pasa más desapercibida.

Este perfil diferenciado en niños y niñas ya fue identificado por Jose Luis Pedreira y Margarita Eguiagaray en 1996 en los CSM Infanto-Juvenil (Pedreira y Eguiagaray, 1996).

Las niñas presentan más afectación de la autoestima, de la imagen corporal, mayor sentimiento de culpabilidad (a partir de 10-12 años), sensación de vacío, tristeza, preocupaciones por las familias, ideas de muerte/ideaciones autolíticas, manejo del malestar a través de autolesiones, alteraciones de la conducta alimentaria y algún consumo de tóxicos. Asimismo, tienden a tener más roles compensatorios, de cuidadoras en la familia.

En cuanto a los diagnósticos, aproximadamente el doble de niñas y adolescentes presentan problemas de la conducta alimentaria, trastornos neuróticos y más trastornos del humor que los niños. Sin embargo, en los varones nos encontramos datos significativamente mayores en trastornos hipercinéticos y trastornos disociales y de las emociones.

Respecto al malestar expresado por adolescentes, en esta época parece que predominaría lo que el psicoanalista milanés, especializado en trastornos alimentarios, Domenico Cosenza, denomina una *clinica dell'eccesso* (clínica del exceso), en contraposición a una *clinica della contenzione* (clínica de la contención) de otras épocas (comienzo del siglo pasado). Según él, la tendencia sería a no pararse en el precipicio, sino trascenderlo.

Otro aspecto de este malestar, como señala la psicoanalista María Cruz Estrada, estaría relacionado con la falta de relato subjetivo, de palabra, de pensamiento que acompañe a las acciones, por lo que los niños y adolescentes se encontrarían sin protección ni herramientas para entender el mundo.

Mundo especialmente complejo, el de las redes sociales, vía de entrada regia de nuestra sociedad de consumo, en las que predomina la cultura del *placer* (individualismo a ultranza, pantallas, disfrute inmediato, sin límites; lo sentido sobre lo pensado; los niños como mercancía, sin mucha conciencia por parte de los padres) y no la del *deseo* (hay límites para conseguir lo que se quiere, y hay culpa).

Las jóvenes, con las redes, creen estar conectadas, acompañadas, autónomas, protegidas, cuando en realidad se encuentran solas, aisladas en la habitación, posiblemente manipuladas por otros y con una disminución drástica de los encuentros presenciales.

El problema y la sintomatología con estos jóvenes aparece cuando ellos son los objetos usados por las redes sociales.

Si esto lo relacionamos con todos los mandatos de rol que pesan sobre las niñas, adolescentes y mujeres, nos encontramos que el sentido del deber es tan potente, por ejemplo, en el cuidado de los otros, que el sentimiento de culpa surge de inmediato, de una manera inconsciente. Y si no se resuelve, se va *enrollando* y enraizando en el cuerpo y en el sufrimiento psíquico.

Redes sociales

Según datos de Social Media Family (2021), agencia de marketing digital:

- Las chicas utilizan más las redes sociales que los chicos.
  43 % de las mujeres de 15 años, al menos una hora/día.
  31 % de los varones.
- Facebook
  53,75 % mujeres, 44,6 varones.
  El 50,5 % entre 40-64 años.
  Perfil: mujer, casada, Oviedo y BCN, aumento desde 2021.
- Instagram
  53,8 % mujeres.
  46,2 % varones.
  18-24 años, noticias, entretenimiento, belleza, cuidado personal.
- Linkedin
  Perfil: varón, entre 25-34 años, 11 años de experiencia laboral.

Según datos de la UTIGPA (Revuelta *et al.*, 2019) –unidad especializada de tratamiento de identidad de género, de referencia autonómica asturiana–, se ha producido un fenómeno de inversión de sexos, en la demanda por problemas de disforia de género.

Desde que se crea esta unidad en 2009, la demanda ha aumentado exponencialmente a partir de 2015 de forma significativa en las mujeres con respecto a los hombres. Y la edad en la que se hace es en plena adolescencia, momento de construcción personal y de cambio.

Según las autoras, habría al menos dos hipótesis que explicarían esta tendencia: 1) pareciera que ser mujer y adolescente no es fácil, ser varón te sitúa en un lugar ligeramente de mayor privilegio social y menos problemas; 2) ser trans («porque es un sentimiento íntimo y un derecho humano») tiene mejor prensa que ser homosexual o lesbiana, que tiende a ser visto más como una *desviación* por los padres. No hay ninguna asociación de padres defensores de la homosexualidad de sus hijos, como la que hay de niños trans.

Algunos datos que pueden ser de interés:

• Entre 2016-2019, hubo 42 personas menores de edad que solicitaron consulta por disforia de género.; un 38,5 % de un total de 109.

• Se observa un cambio en el perfil respecto a 2007-2015: antes la ratio era de un hombre por una mujer, (1/1) y se ha duplicado en este último periodo: un hombre por dos mujeres (1/2). Inversión del sexo tradicionalmente asociado a los problemas de identidad sexual.

• El malestar por la disforia, antes se iniciaba en la infancia y ahora en la adolescencia.

• Las/los usuarios manifiestan que en ellos han tenido un papel importante las redes sociales (40 %) o pertenecían a un grupo de pares o asociación de LGTBIQ. Los hombres trans utilizan más las redes sociales que las mujeres trans.

• El cambio de perfil se percibe también en que estos nuevos demandantes viven más acompañados, tienen una vida más integrada, recurren menos a la autohormonación y se dedican menos a la prostitución.

• Hay una comorbilidad con: trastornos de ansiedad, TCA, alteraciones conductuales, autolesiones, dismormofobia y trastornos del espectro autista. El 63 % está diagnosticado con otro problema psiquiátrico o neurológico; el 70 % ansiedad *social en la adolescencia;* el 48 % de un estrés postraumático; el 43 % historia de aislamiento de sus pares.

La relación de dominación del hombre sobre la mujer, trasmitida estructuralmente a nivel cultural, se puede convertir en maltrato y violencia, en el seno de un vínculo en el que se juegan múltiples emociones, sentimientos contradictorios y fantasías conscientes e inconscientes. El relato de Icíar Bollaín en la película *Te doy mis ojos* lo define muy bien.

Como dice la psicoanalista Regina Bayo (Bayo-Borrás, 2023): «Es una lucha entre tú y yo para que yo no me considere menos que tú, para no verme desamparado, excluido, sin importancia. Para hacerte sentirte a ti que tú eres la dependiente, la desamparada, la necesitada de mi protección, de mi fuerza... eres tú quien ha de tener el dolor y la frustración que yo no puedo sentir cuando vislumbro cuánto te necesito...».

En Asturias, hay tres centros de Atención Psicosocial, ubicados en Oviedo, Gijón y Avilés, dependientes de la Red de Salud Mental, y que son atendidos por psicólogos clínicos, con la posibilidad de derivar, si es necesario, a psiquiatría para seguir tratamiento psicofarmacológico y a trabajo social para otro tipo de intervención comunitaria.

Según datos de la Memoria del Programa de Atención Psicosocial de la UCO-SAM (SESPA), en 2022 fueron atendidas 1.185 mujeres, prácticamente el doble que en 2019 (fueron atendidas 686 mujeres), fueron derivadas mayoritariamente desde los Centros de Salud, los CSM y los Centros Asesores de la Mujer.

Maternidades

Incluyo la perinatalidad y la maternidad y todo lo que la rodea, como un problema emergente específico, y de necesaria atención desde lo público, por la alta complejidad del periodo y por la importancia que reviste este momento crucial del ciclo vital de la mujer para su salud física y mental, así como para la del bebé. Las investigaciones confirman la importancia de los primeros seis años de vida de un niño, y la salud emocional de la madre es de vital importancia.

Si algún periodo de la vida de las mujeres está cargado de lugares comunes, de prejuicios, de expectativas personales, familiares y sociales, de «sentido común» mal entendido, es este.

Al sentido común, y a la inercia de una atención obstétrica, con frecuencia excesivamente medicalizada, creemos que hay que añadir los avances aportados desde la investigación en neurociencia, en neuroimagen y programación fetal, en el psiquismo del bebé. Esta psicología de la gestación permite enriquecer las lecturas del vínculo materno-filial, de la necesidad de estar atentos a los procesos psíquicos del embarazo y la atención a la salud mental desde los primeros momentos de la concepción.

Asimismo, hay que estar pendientes de las múltiples expresiones del sufrimiento psíquico de la madre gestante, a los posibles traumas (abortos de repetición, muerte tardía del feto) y diversas circunstancias psicosociales complejas (madres adolescentes, embarazos no deseados, mujeres víctimas de abuso y maltrato, mujeres inmigrantes inmersas en culturas donde se les niegan derechos de ciudadanía, consumo de sustancias). Circunstancias que pasan al imaginario familiar y social como «normales».

Como correctamente señala Regina Bayo, hay un fenómeno, cada vez más generalizado, el de la Reproducción Humana Asistida, y todos los procesos tecnológicos que la rodean que tienen importantes consecuencias en la dimensión psicoafectiva de las mujeres y de las parejas: hormonaciones múltiples, culpabilización, pérdida del sentido de realidad; el embarazo llega a ser como un *trabajo.*

Cuando los niños prematuros ingresan en las UCIS, cobra gran importancia tener en cuenta a las madres, a las parejas y a las familias.

En un embarazo, dicen las mujeres, lo que importa es el bebé, «Yo no existo, me tengo que cuidar por él»; pareciera que la madre sigue siendo el *recipiente* necesario para que el bebé esté sano. «Cueste lo que cueste y caiga quien caiga». Como las vírgenes románicas, como la *vasija* de Aristóteles.

La violencia obstétrica es un tema en el que las mujeres sanitarias están haciendo mucho énfasis en las últimas décadas.

Dar la palabra a las mujeres, atender a su psicobiografía, ser respetuosos con las madres y sus bebés, introducir la visión de la subjetividad y la intersubjetividad del sufrimiento psíquico, no solamente físico, es esencial en toda la atención perinatal.

El trabajo en perinatal ha de ser multidisciplinar y horizontal y ha de incorporarse en los distintos niveles de nuestra asistencia socio-sanitaria, especialmente en la hospitalaria.

Conclusiones y propuestas

- Apostar por el desarrollo del servicio socio-sanitario público, ya que solo él puede garantizar la equidad y la accesibilidad de la asistencia, imprescindible para disminuir las desigualdades de género.
- Evitar la invisibilidad de la morbilidad femenina en las investigaciones sobre la salud. Que los datos de las investigaciones y los movimientos asistenciales se desagreguen por sexos.
- Investigación de las formas de enfermar, desde la salud mental, de las mujeres.

• Implementar en los distintos niveles asistenciales, sanitarios, el modelo psicosocial, comunitario, y la atención integral, donde el sufrimiento emocional sea abordado como parte de la expresión de la salud y la enfermedad y se escuche el malestar de las personas y su historia (aunque desde Alma-Ata forma parte del ideario de nuestro sistema de salud, en las últimas décadas no se ha mantenido).

• Introducción de la escucha atenta, no involucrada emocionalmente y empática en la relación profesional-paciente, ya que permite una gran contención emocional.

• Priorizar la disminución de la medicalización de la asistencia, en especial de las mujeres, poniendo en marcha modelos de intervención donde desde la palabra y los cambios internos sean prioritarios. LOS CAMBIOS INTERNOS PROVOCAN CAMBIOS EXTERNOS y no al contrario.

Bibliografía

Amorós, Celia (2005): *La gran diferencia y sus pequeñas consecuencias… para las luchas de las mujeres.* Valencia, Feminismos.

Bayo-Borrás, Regina (2022): *Bella durmiente despierta. El malestar de no ser consciente.* Editorial Digital Feminista Victoria Sau (disponible en la red libre).

Bronferbrenner, Urie (1987): *La ecología del desarrollo humano.* Barcelona, Ediciones Paidos.

Caparrós, Nicolás (2012-2013): *Viaje a la complejidad* (4 vol.). Madrid, Biblioteca Nueva.

Informe sobre Consumo de Psicofármacos en Atención Primaria en el Principado de Asturias 2018-2021. SESPA, ISPA y Consejería de Salud del Gobierno del Principado de Asturias.

Consumo de psicofármacos (antipsicóticos, ansiolíticos, hipnosedantes y antidepresivos) en la prestación farmacéutica ambulatoria del Sistema Nacional de Salud, 2019-2021. Ministerio de Sanidad, Gobierno de España.

Iarzábal, Amaia, *et al.* (2021): *Influencia del género como condicionante del diagnóstico y tratamiento en Salud Mental.* Unidad Docente Multiprofesional de Salud Mental del SESPA.

Pedreira, José Luis y Eguiagaray, Margarita, «RACP en evaluación longitudinal de un Centro de Salud Mental», *Rev. Asoc. Esp. Psiquiatría Infanto-Juvenil,* 1996, 4, 263-279.

Revuelta, Ana Isabel; Fernández, María Guerra, Patricia, *et al.*, «Estudio sociodemográfico comparativo de los períodos 2007-2009 y 2015-2019 de la Unidad de Tratamiento de Identidad de Género del Principado de Asturias», *Revista Internacional de Andrología*, https://doi.org/10.1016/j.androl.2021.04.005

SAU, Victoria (2006): «Prólogo» en *Mujeres invisibles*, de Carme Valls. Barcelona, Debolsillo.

SUN, Wenting (2020): *La mujer desde el punto de vista médico en la Antigua Grecia: Hipócrates y Galeno*, Universidad de Cádiz.

The Social Media Family, https://thesocialmediafamily.com

Unidad de Coordinación de Salud Mental. *Memoria Programa Atención Psicosocial, año 2022.*

VELASCO, Sara (2009): *Sexos, género y salud.* Madrid, Minerva Ediciones.

TRAUMA, CUERPO Y MUJER

por María Eugenia Díez Fernández

El trauma tiene una repercusión en el cuerpo, y muchos cuadros postraumáticos dan lugar a patología somatomorfa, conversiva e influyen en patologías físicas. El trauma es un elemento transdiagnóstico y muchos elementos del abordaje del trauma nos sirven para manejar diversos tipos de problemas.

Aunque el trastorno conversivo figura en las clasificaciones internacionales de trastornos mentales, no está igualmente presente en la mente de los profesionales de Salud Mental. Estos cuadros y su antepasado, la histeria, habían sido objeto de estudio y reflexión detallado a finales del siglo XIX y principios del siglo XX, etapa en la que se elaboraron diversas propuestas conceptuales y de intervención terapéutica. Sin embargo, más adelante pareciera que hubieran desaparecido, tanto de las publicaciones científicas como de los diagnósticos clínicos (Del Río y González, 2021).

Abandonadas por la Psiquiatría y la Psicología Clínica, estas patologías pasaron a ser atendidas en las consultas de neurología o de otras especialidades médicas. Estos especialistas solo podían limitarse a descartar otros cuadros en los y las pacientes, a descartar que estaban en los libros de esas especialidades como la epilepsia, la parálisis, la amnesia u otros cuadros orgánicos, que serían enfermedades «genuinas». El paciente conversivo tenía síntomas parecidos pero no eran «de verdad». El mensaje que se daba a los pacientes que acudían a urgencias era muchas veces que «no tenían nada» y que el tratamiento consistía en esperar «a que se pase solo», dejando transcurrir el tiempo. Estas patologías generan niveles importantes de discapacidad personal y sociofamiliar, y consumen gran cantidad de recursos sanitarios que serían seguramente mucho mejor empleados si se diseñaran programas específicos.

Si las pacientes se resistían a ser ignoradas y daban problemas importantes a sus familias o a los profesionales, no pocas veces se culpabilizaba a la paciente, equiparando la conversión a la simulación «caprichosa e intencionada». Los síntomas se explicaban como «llamadas de atención» o «intentos de manipulación» y desde ahí la actitud terapéutica era la de ignorar el síntoma o incluso penalizar a quien lo sufría de modo directo o indirecto. Esto ha seguido siendo así hasta que volvieron a emerger las modernas teorías sobre el trauma y la disociación, de las que hablaremos en este capítulo.

Se estima que hasta un tercio de la población general puede sufrir en algún momento de su vida algún síntoma de tipo conversivo, aunque no sea suficientemente grave como para hacer un diagnostico de este tipo. Las cifras correspondientes a la prevalencia del trastorno son variables en diferentes muestras. El DSM IV-TR nos hablaba de una horquilla de entre 11 y 500 casos por cada 100.000 habitantes. Estos cuadros son más frecuentes en mujeres, oscilando la relación entre mujeres y hombres entre 2:1 y 10:1 en función del estudio. Además, esta diferencia de género es más marcada en las adultas jóvenes y en los niñas. De hecho, las primeras teorías sobre la histeria estaban directamente relacionadas con lo femenino, asociándola al útero migrante en mujeres en la Grecia clásica y a la insatisfacción sexual de estas. El carácter patológico y los graves problemas subyacentes se trivializaron y minimizaron, hasta que la sociedad se vio sacudida por las grandes guerras mundiales. Los cuadros conversivos comenzaron a manifestarse en los valientes soldados que venían del frente, con heridas que no eran físicas pero que se expresaban a través del cuerpo y en los que la existencia de un trauma devastador era innegable. Aunque las modernas teorías traumáticas sobre los trastornos conversivos surgen en parte en esa etapa, las sociedades tienen gran capacidad para el olvido. Los cuadros conversivos siguieron así asociados, por el peso de la tradición histórica, a lo femenino y una supuesta hiperemocionalidad propia de este género, que llevaría a las mujeres a exagerar y teatralizar sus reacciones.

Las y los pacientes con trastorno conversivo, dadas las características de sus síntomas, van pasando por evaluaciones de múltiples profesionales del ámbito medico y psicológico. Peregrinan de consulta en consulta, de especialidad en especialidad, en búsqueda de una explicación para sus síntomas que se demora o que nunca llega. Por el camino, no solo se produce un gasto medico desproporcionado, sino que se genera un daño acumulado en la persona que espera y desespera. En cualquier caso, estas pacientes perciben claramente la hostilidad con la que el sistema sanitario reacciona ante ellas y las rebota hacia otro dispositivo.

Los cuadros conversivos nos hablan de encrucijadas. Nos dicen que el cuerpo y la mente no son entidades separadas, sino estrechamente interconectadas. Nos obligan a considerar la influencia de los entornos tempranos y de los contextos familiares en la patología individual.

¿Qué el es trauma?

El término *trauma* procede del griego y significa «herida». Van der Kolk, psiquiatra y reconocido experto en trauma, fundador y director médico del Trauma

Center en Brookline (Massachusetts) hacía referencia al trauma psicológico como «a las respuestas extraordinarias emocionalmente abrumadoras ante sucesos vitales incontrolables». El trauma es por tanto un estado psicológico resultante de haber vivido una situación traumática.

El trauma tiene un poderoso impacto en el cerebro, en la mente y en el cuerpo de la persona que lo ha experimentado y sus efectos aparecen a nivel fisiológico, cognitivo, emocional, conductual, social, es una afectación global en quien lo experimenta.

Otra concepción del trauma

La «naturaleza del trauma», según Peter A. Levine en su enfoque terapéutico, es una comprensión profunda de cómo las experiencias traumáticas afectan al cuerpo y a la mente. Levine redefine el trauma no solo como una respuesta a un evento terrible o amenazante, sino como una serie de reacciones fisiológicas y psicológicas que ocurren cuando alguien no puede responder adecuadamente a una situación abrumadora.

En su visión, el trauma no se define por el evento en sí, sino por la respuesta del individuo a ese evento. Dos personas pueden experimentar el mismo evento estresante, pero su respuesta emocional y física a ese evento puede variar drásticamente. Esto significa que lo que es traumático para una persona puede no serlo para otra, dependiendo de una variedad de factores, incluyendo la historia personal, la resiliencia y el apoyo disponible.

Levine también enfatiza que el trauma puede quedar «atrapado» en el cuerpo. Cuando una persona experimenta un evento traumático, su cuerpo puede reaccionar como si el peligro siguiera presente, mucho después de que el evento haya terminado. Esto puede manifestarse en síntomas como ansiedad, hipervigilancia, trastornos del sueño y una variedad de síntomas físicos.

Levine propone que la clave para sanar el trauma no está simplemente en hablar del evento traumático, sino en ayudar al cuerpo a «completar» las respuestas fisiológicas que quedaron pendientes. Esto implica ayudar a la persona a reconectar con su cuerpo y aprender a interpretar y responder a sus sensaciones de una manera que permita liberar esas respuestas «congeladas».

La práctica terapéutica basada en este entendimiento implica guiar suavemente a las personas a través de sus sensaciones corporales, permitiéndoles experimentar y procesar las respuestas físicas que no pudieron completar en el momento del trauma. Este enfoque ayuda a las personas a recuperar el control sobre sus cuerpos y sus emociones, permitiéndoles moverse más allá del trauma hacia una mayor integración y bienestar.

Trauma y respuesta fisiológica

La conexión entre el trauma y la respuesta fisiológica es una revelación esencial para comprender cómo el cuerpo y la mente responden a las experiencias traumáticas. Esta comprensión es fundamental para abordar el trauma de manera efectiva.

Cuando enfrentamos una situación que percibimos como amenazante o abrumadora, nuestro cuerpo activa automáticamente respuestas de supervivencia: lucha, huida o inmovilización. Estas respuestas son instintivas y profundamente arraigadas en nuestro sistema nervioso. Durante un evento traumático, estas respuestas pueden activarse intensamente, pero a menudo, debido a diversas circunstancias, no pueden llevarse a cabo completamente. Esto puede suceder, por ejemplo, si la situación nos paraliza con miedo o si las normas sociales nos impiden reaccionar físicamente.

Cuando estas respuestas de lucha o huida no se completan, la energía asociada con estas reacciones puede quedar atrapada en nuestro cuerpo. Esto puede manifestarse de varias maneras, como tensión muscular crónica, patrones de respiración alterados, o incluso en forma de emociones reprimidas como el miedo o la ira.

Este estado de activación crónica y no resuelta puede llevar a un desequilibrio en el sistema nervioso. Puede provocar una variedad de síntomas físicos y psicológicos, incluyendo ansiedad, depresión, trastornos del sueño, hipervigilancia, y una sensibilidad excesiva a estímulos que normalmente no serían amenazantes.

Para abordar el trauma desde este enfoque fisiológico, es crucial ayudar al cuerpo a «completar» estas respuestas de lucha o huida. Esto implica crear un espacio seguro donde la persona pueda explorar y liberar gradualmente la energía traumática atrapada, a través de técnicas que aumentan la conciencia corporal y permiten expresar y liberar estas emociones y tensiones retenidas.

Esta aproximación pone de relieve que tratar el trauma no solo es un proceso mental o emocional, sino también físico. Reconociendo y trabajando con la sabiduría inherente del cuerpo, se pueden liberar las respuestas fisiológicas inacabadas, permitiendo al individuo regresar a un estado de equilibrio y bienestar. En última instancia, entender y abordar la respuesta fisiológica al trauma es un paso crucial para la sanación integral.

Somatic Experiencing

Somatic Experiencing es una metodología terapéutica centrada en abordar y sanar el trauma desde una perspectiva corporal. Esta técnica, que se aparta de los enfoques tradicionales centrados principalmente en el diálogo y el análisis cognitivo, pone el énfasis en las percepciones y experiencias del cuerpo.

El principio básico de Somatic Experiencing es que el trauma no solo afecta a la mente, sino que también se aloja en el cuerpo. Cuando ocurre un evento traumático, la reacción natural del cuerpo puede ser interrumpida, dejando una energía residual que se manifiesta en forma de diversas sintomatologías físicas y emocionales. Somatic Experiencing busca ayudar a las personas a sintonizar con sus sensaciones corporales y a trabajar con ellas para liberar estas energías estancadas.

En la práctica, este enfoque implica una serie de pasos graduales. Primero, el terapeuta guía a la persona a tomar conciencia de sus sensaciones corporales actuales, lo que puede incluir notar tensiones, patrones de respiración, y otras sensaciones físicas. Esta conciencia del momento presente es fundamental para empezar a procesar el trauma.

Luego, se trabaja para identificar y explorar las sensaciones relacionadas con experiencias traumáticas pasadas. Esto se hace de manera muy controlada y cuidadosa, asegurando que la persona no se vea abrumada. El objetivo es permitir que el cuerpo «complete» las respuestas físicas al trauma que fueron interrumpidas o suprimidas, lo cual puede implicar movimientos físicos, la expresión de emociones reprimidas, o la realización de acciones simbólicas.

Somatic Experiencing también enseña a las personas a desarrollar una mayor capacidad de resiliencia y autorregulación. Aprenden a reconocer sus propias señales de estrés y a utilizar técnicas para calmar su sistema nervioso. Esto les permite enfrentar de manera más efectiva los desafíos y el estrés en el futuro.

Tipos de experiencias traumáticas

Existen diferentes formas de experiencias potencialmente traumáticas que una persona puede experimentar a lo largo de su vida. Existen los «traumas menores» o «t», que son experiencias subjetivamente perturbadoras que se caracterizan por una percepción de peligro que no es especialmente intensa. Eventos como la humillación o las interacciones bruscas con otras personas importantes durante la infancia pueden incluirse en esta categoría.

Junto a estos pequeños traumas están los traumas T, es decir, todos aquellos acontecimientos que conducen a la muerte o amenazan la integridad física propia o de los seres queridos. A esta categoría pertenecen los grandes acontecimientos, como las catástrofes naturales, los abusos, los accidentes, etc.

Efectos del trauma en el organismo

Como afirma Van der Kolk (2014), tras un suceso traumático «el mundo se vive con un sistema nervioso diferente. La energía del superviviente se centra en eliminar el caos interno».

El trauma afecta a todo el organismo: afecta al cuerpo, a la mente y al cerebro.

El trauma es una condición mente-cuerpo, no una condición mental. La narrativa oficial, y demasiado simplificada, sobre el trauma y el estrés postraumático es que representan respuestas emocionales y conductuales intensas a eventos que amenazan la vida. El trastorno de estrés agudo y el TEPT en el DSM-5, por ejemplo, se diagnostican completamente por síntomas emocionales y conductuales como hipervigilancia, ansiedad, insomnio y evitación de situaciones y estímulos relacionados con el trauma.

Sin embargo, la rápida evolución de la neurociencia del trauma demuestra que la fisiopatología subyacente del trauma dentro del cuerpo es igualmente profunda y potencialmente aún más dañina Y entre las áreas del cuerpo más rápida y severamente afectadas por el trauma se encuentra el corazón.

Una situación traumática hace que nuestra percepción de seguridad se rompa.

Nos deja expuestos a un acontecimiento que nos amenaza y que provoca reacciones en nuestro cuerpo sobre las que no tenemos control.

Las reacciones ante una amenaza pueden ser emocionales (miedo, ira, tristeza...) y corporales (tensión muscular, sensación de ahogo, hiperventilación...). También pueden aparecer creencias negativas sobre nosotros mismos y el mundo, como por ejemplo creer que no soy capaz, sentirme tonto/a, creer que somos culpables de lo que nos ha pasado, etc.

Para entender cómo nos afecta una situación traumática, vamos a revisar brevemente los procesos neurobiológicos que se ponen en marcha en los procesos de trauma.

Neurobiología del trauma: los tres cerebros

La teoría evolutiva de John MacLean explica que nuestro cerebro se ha desarrollado siguiendo una estructura de capas superpuestas. A lo largo de los años, cada capa nueva se ha generado sobre otra capa más antigua sin hacerla desaparecer. Este proceso evolutivo ha permitido que nuestro cerebro tenga tres partes diferenciadas y especializadas en funciones diferentes. Es lo que se conoce como «los tres cerebros»: el cerebro reptiliano, el sistema límbico y la corteza prefrontal o neocórtex.

- Cerebro reptiliano: es la primera estructura en desarrollarse (a los tres meses de gestación). Regula la activación fisiológica, como el ritmo cardiaco, la temperatura corporal, la hidratación, las funciones del sueño... funciona como una especie de alarma ante el peligro, ya que se activa ante situaciones que percibimos como peligrosas. Es la parte de nuestro cerebro que nos hace reaccionar y actuar.

• Sistema límbico: Es la estructura que se desarrolla después del cerebro reptiliano. Interviene en el procesamiento emocional, la memoria y el aprendizaje. Es, en definitiva, la parte del cerebro que se encarga del contenido emocional de las experiencias: la alegría de reencontrarse con amigos, el placer de tocar a la persona que nos gusta o el asco que nos producen algunas comidas.

• Neocórtex: el último en desarrollarse filogenéticamente, por lo que es la estructura más superficial del cerebro. Se trata del cerebro pensante, la parte que permite el procesamiento de la información, la solución de problemas y la inhibición de impulsos, entre otras.

Cada una de estas estructuras cerebrales tiene su propia manera de entender la información que nos llega del entorno y de responder a ella. En condiciones normales, las tres partes forman un conjunto que funciona de manera coordinada. Ante la percepción de un daño, la amígdala, que forma parte del sistema límbico, manda señales de alarma al hipotálamo y se activa el Sistema Nervioso Simpático (SNS). Todo este recorrido neurofisiológico provoca la activación necesaria en el organismo para hacer frente al peligro.

El trauma hace que esta coordinación se rompa. El cerebro está recibiendo estímulos tan intensos que no le da tiempo a entender lo que está pasando. Las tres estructuras cerebrales no pueden coordinarse para procesar la información y guardar en la memoria un recuerdo coherente e integrado.

En vez de eso, el evento queda guardado en trozos emocionales y sensoriales que no forman un recuerdo completo de lo que ocurrió y que aparecen, más adelante, en forma de pensamientos intrusivos e incontrolables. Es lo que se conoce como *flashbacks,* uno de los síntomas característicos del TEPT. El recuerdo traumático se activa con estímulos del entorno que funcionan como detonantes de la experiencia traumática original, como olores, objetos, formas, personas, sonidos, etc., provocando una reexperimentación del suceso en el momento presente.

El impacto del trauma en el cuerpo

Para defenderse del trauma, el cuerpo pone en marcha una serie de respuestas que tienen como objetivo asegurar la supervivencia: puede defenderse mediante el ataque, por lo que necesitará poner en tensión los músculos y focalizar toda su atención en el objeto amenazante. También puede que el miedo sea tan intenso que acabe por bloquear todo movimiento. La sensación de estar completamente atrapado y sin posibilidad de evitar el peligro puede llevar a la paralización, otra forma que el cuerpo tiene de responder ante una amenaza.

Los recuerdos traumáticos que no se han procesado permanecen inaccesibles a nuestra parte consciente. Aunque el cerebro los haya reprimido, las emociones y vivencias encuentran en el cuerpo un canal por el que expresarse. Es común que las personas que han desarrollado un TEPT somaticen esta información no procesada en forma de tensiones musculares, temblores, dolores inespecíficos, irritaciones de piel, dolores de cabeza o contracturas.

El modelo de clasificación de la memoria de Tulving y Shachter viene bien para entender qué tipo de recuerdos quedan almacenados en el cuerpo. Estos dos teóricos proponen clasificar la memoria en tres tipos:

- La explícita o consciente.
- La implícita o inconsciente.
- La memoria integrativa.

La memoria explícita se refiere a los recuerdos que podemos recuperar de manera consciente. La memoria implícita, por otro lado, está formada por un contenido al que no tenemos acceso y que no podemos controlar, porque forma parte del inconsciente. La memoria integrativa hace referencia a la memoria de trabajo a corto plazo que pongo en marcha, por ejemplo, cuando debo recordar un número de teléfono durante unos segundos antes de anotarlo.

Que una experiencia quede guardada en la memoria o que se descarte, dependerá del nivel de activación emocional. Cuando vivimos una situación que no nos toca por dentro, que nos es indiferente, el cerebro no generará suficientes niveles de noradrenalina como para tener recuerdos vívidos de lo que ha ocurrido.

Si, por el contrario, la vivencia va acompañada de una sobrecarga emocional, el cerebro se llena de opiáceos, el hipocampo se inhibe y la activación de la amígdala se dispara. Esto deja a los tres cerebros sin herramientas para integrar la experiencia a nivel cortical: lo vivido no se consolida en la memoria a largo plazo (explícita) y no se produce un aprendizaje, sino que se guarda en la memoria inconsciente.

En palabras de la neurobiología, el recuerdo se almacena en la amígdala y no en el hipocampo, con las consecuencias que esto tiene: no recordamos a nivel cognitivo, lo que recordamos son las emociones asociadas a la vivencia, el miedo y las sensaciones físicas. Es decir, el trauma queda almacenado en el cuerpo en forma de memoria somática.

La influencia del vínculo con los padres en la memoria somática

Las respuestas de lucha o parálisis representan formas distintas de reaccionar ante un peligro, y aquí tienen un papel muy importante las experiencias tempranas. Durante la infancia, la relación con nuestros cuidadores primarios será la que nos aporte la base para relacionarnos con el entorno. A través de las relaciones con los padres, iremos configurando una visión del mundo (amenazante, hostil, benévolo, inestable...) que condicionará nuestras ideas y creencias sobre él. Estas, a su vez, cristalizarán con el tiempo en pautas físicas que reflejarán movimientos de protección o apertura.

Por ejemplo, si durante mi infancia mis padres fueron una fuente de confianza y seguridad, yo también me sentiré seguro para explorar más allá de mi zona de confort y de buscar el contacto con las personas que me rodean. La protección que me transmiten mis padres me enseñará a ver el mundo como un lugar que puedo explorar con confianza. Mi cuerpo no tendrá la necesidad de estar en alerta constante, como si hubiera un peligro de fondo, y mis movimientos fluirán como si demostraran que me siento cómodo y relajado cuando interactúo con otras personas. Habrá coherencia entre lo que digo con palabras y lo que digo con gestos, porque a mi cuerpo no llegará ningún mensaje inconsciente de amenaza.

Pero si mis padres eran cuidadores inaccesibles, poco expresivos e impredecibles, puede que me hayan transmitido, de manera inconsciente, que no estarán ahí para protegerme si me pasa algo. Esta sensación de desamparo puede cristalizar más tarde en creencias como «la gente no me ayuda» o «el mundo es un lugar duro y hostil». Si crezco con la idea de que el mundo es un lugar cruel del que me tengo que proteger, me sentiré cómodo con movimientos defensivos, y el hecho de acercarme o tocar a alguien puede hacerme sentir temeroso e incluso torpe. Mi Sistema Nervioso Autónomo (SNA) estará en activación constante, como si estuviera a la espera de que algo malo fuera a pasar. Con el paso del tiempo, esto puede generar tensiones musculares crónicas y posturas encorvadas (por ejemplo, espalda con «chepa» y hombros metidos hacia adentro). La pauta física de contraer la parte delantera de nuestro cuerpo hace que las zonas más sensibles (cara, pecho, tronco) estén menos expuestas al peligro.

Así, a través de nuestros cuidadores, vamos elaborando creencias que funcionan como una especie de guía para relacionarse con el mundo. Nuestras experiencias vitales permiten que vayamos incorporando estas creencias, es decir, *haciéndolas cuerpo*. De ellas dependerá que veamos el cuerpo como una coraza que nos proteja de peligros, o si lo entendemos como una herramienta para relacionarnos con lo que nos rodea desde la confianza y la apertura.

El trauma como un problema de salud pública

La exposición a trauma triplica el riesgo de desarrollar un trastorno mental en la etapa adulta. Esta es una de las conclusiones de una reciente meta-revisión realizada por Hogg *et al.* (2022). La vivencia de experiencias traumáticas se ha relacionado comúnmente con el desarrollo de trastorno por estrés postraumático (TEPT). Sin embargo, muchos estudios han observado la relación entre la exposición al trauma, especialmente durante la infancia, y otros problemas de salud mental más allá del TEPT. En este sentido, los autores de la investigación, analizaron la posibilidad de que el trauma se presente como un factor de riesgo transdiagnóstico para el desarrollo de problemas de salud mental.

Los resultados, además, subrayan el papel del trauma como factor de riesgo transdiagnóstico en siete grandes categorías. Estas categorías incluyen: trastornos de ansiedad, trastornos bipolares, trastornos depresivos, trastornos obsesivo-compulsivos, trastornos de la personalidad, trastornos del espectro esquizofrénico y trastornos relacionados con trauma y estrés. Este hecho sugiere la importante conexión y superposición de los síntomas identificados en distintas categorías diagnósticas de salud mental. Así, en la medida en que estas categorías presentan síntomas de origen común, se pueden optimizar los tratamientos psicológicos para que aborden estos aspectos transdiagnósticos. Esta estrategia permitiría aplicar el mismo programa a una variedad de trastornos.

Además, los traumas que no han sido tratados pueden tener un gran impacto en la salud futura. Las reacciones emocionales y físicas que desencadenan pueden predisponer a sufrir graves problemas de salud, como ataques cardíacos, accidentes cerebrovasculares, obesidad, diabetes y cáncer (Song *et al.*, 2019).

Aparentemente, el superviviente de un trauma puede parecer «completo» y sano, pero el trauma puede supurar como una herida invisible, y debilitar las defensas del cuerpo hasta que se manifiesta en forma de enfermedad.

Estos hallazgos resaltan la importancia del trauma psicológico como un problema de salud pública, que requiere una mayor inversión en servicios de prevención y atención informados sobre el trauma y abren la posibilidad de enfoques de tratamiento innovadores basados en el trauma psicológico como un constructo transdiagnóstico.

Bibliografía

Basile, Lisa Marie. «How Trauma Impacts Your Physical Health». *Endocrineweb*, https://www.endocrineweb.com/how-trauma-impacts-your-health. Accessed 10 Nov 2020.

Del Río, L. y González, A. (2021): *Cuando el cuerpo habla. Un abordaje integrador del trastorno conversivo*. Paidós.

Levine, P. (2021): *Sanar el trauma. Un programa pionero para restaurar la sabiduría de tu cuerpo*. Ed. Gaia.

MacLean, P. *The Triune Brain in Evolution: Role in Paleocerebral Functions 1990th.*

Song, Huan; Fang, Fang; Arnberg, Filip K.; Mataix-Cols, David; Fernández de la Cruz, Lorena; Almqvist, Catarina; Fall, Katja; Lichtenstein, Paul; Thorgeirsson, Gudmundur; Valdimarsdóttir, Unnur A. (10 April 2019): «Stress related disorders and risk of cardiovascular disease: population based, sibling controlled cohort study». BMJ. 365: l1255. *doi:10.1136/bmj.l1255. PMC 6457109. PMID 30971390.*

Van der Kolk, B. (2014): *El cuerpo lleva la cuenta. Cerebro, mente y cuerpo en la superación del trauma.* Editorial Eleftheria.

De la locura a la salud mental: historia(s), feminismos y resistencias

Jornadas para un otoño violeta
3ª JORNADA
conferencia
ÓPTICA FEMINISTA PARA
LA SALUD MENTAL DE LAS MUJERES
17 de noviembre
viernes 18:30h
Biblioteca Pública Jovellanos de Xixón
(calle Jovellanos, nº23)
"De la locura a la Salud Mental: historia(s), feminismos y resistencias"
Dra. Celia García Díaz
Psiquiatra, profesora de la Universidad de Málaga e integrante del Instituto Universitario de Investigación de Género e Igualdad de la UMA
Presentación: Gema Coira Fernández, médica jubilada, activista del Colectivo de Mujeres por la Salud Nielda y socia de la Red CAPS de Mujeres Profesionales de la Salud.
AFA
Asociación Feminista de Asturias
D.L.: AS-03071-2023
Principado de Asturias

PRESENTACIÓN

por Gema Coira Fernández y Lourdes Pérez González

Buenas tardes y gracias por haber venido a compartir otra de las sesiones de las jornadas organizadas por la Asociación Feminista de Asturias: *Óptica feminista para la salud mental de las mujeres*.

En esta tercera charla nuestra invitada es la doctora Celia García Díaz, médica psiquiatra, profesora de Historia de la Ciencia en la Facultad de Medicina e integrante del Instituto Universitario de Investigación de Género e Igualdad de la Universidad de Málaga (IGIUMA).

En Celia confluyen, pues, tres ópticas: la formación y la práctica médica psiquiátrica, la investigación histórica en esos ámbitos y el enfoque feminista.

Esa triple óptica le permitió elaborar una tesis, leída en 2019, que lleva por título «Mujeres, locura y psiquiatría: la sala 20 del Manicomio Provincial de Málaga (1909-1950)», que recibió el Premio Nacional a la Mejor Tesis de la Historia de Medicina 2020.

Sus líneas de investigación redundan en esta triple especialización:

1) Construcción de la subjetividad de las mujeres internadas.

2) Historia institucional de psiquiátricos de mujeres.

3) Crítica feminista a la construcción de los síntomas psiquiátricos.

El título de la charla de Celia es: «De la locura a la salud mental: historia(s), feminismos y resistencias».

Es decir, hace confluir sus tres facetas para darle un enfoque feminista a la salud mental de las mujeres, ya que Celia está situada en el punto óptimo para entender y explicar en un contexto histórico y desde el análisis de un pasado reciente, cuestiones que ahora nos preocupan: ¿qué ha llegado hasta nosotras de toda aquella organización manicomial?, ¿qué hay detrás de la actual sobremedicalización con psicofármacos?, ¿qué etiquetas se atribuyen ahora a las mujeres que se salen de la norma?

Porque el manicomio como edificio, como institución, ha desparecido, pero no como la lógica que organiza las relaciones y que excluye de la vida social a las personas diagnosticadas, es decir, etiquetadas.

Los hospitales más específicos para locos se crearon en el siglo XIX con el objetivo no sólo de excluir a esas personas recluyéndolas (para que no molestaran a las personas de orden, lo mismo que, en su origen, los hospitales adonde no se iba a sanar sino a morir), sino también de «darles un tratamiento médico y tratar de sosegarlos». Estos tratamientos, aparte del encierro y el aislamiento, que podían ir a más con las celdas de castigo o las camisas de fuerza, eran las terapias de choque (en el I Congreso Mundial de Psiquiatría, celebrado en París en 1950, el principal motivo de discusión científica fueron esas terapias: el coma cardiazólico[1], el electroshock (a partir de los años treinta), o la malarioterapia[2], que se empezaron a experimentar a finales del XIX y principios del XX y la lobotomía[3] o la insulinaterapia[4] (entre los años treinta y cincuenta) que Celia menciona como utilizados en el psiquiátrico de Málaga.

En los años cincuenta se empiezan a descubrir fármacos que, en principio y por lo general, no eran para «curar» enfermedades mentales, sino otras, como la clorpromazina[5], la reserpina[6], y el haloperidol[7], pero cuya aplicación a los trastornos mentales abrió las puertas a la síntesis de otros numerosos fármacos, lo que dio lugar a la inmensa relación de psicofármacos ahora existente, ampliamente recetados y consumidos y que plantea uno de los problemas que queremos abordar con estas jornadas: cada vez se diagnostican más problemas de salud mental a las mujeres y cada vez están más medicalizadas con piscofármacos, hasta el punto de que aquí en Asturias la Consejería de Salud acaba de lanzar una campaña para reducir el abuso[8] de piscofármacos en las mujeres.

¿Qué ha pasado –y es una pregunta que los trabajos de Celia nos ayudarán a entender– para que en tan corto espacio de tiempo, las mujeres hayamos pasado

---

1 Inyección de un derivado del alcanfor, (cardiazol en Europa y metrazol en Estados Unidos), para provocar convulsiones que aparecían una hora después de la inyección. Se basaba en el supuesto antagonismo entre la epilepsia y la esquizofrenia (terapia de choque elaborada por Laslo von Meduna a mediados de 1930).

2 El autríaco Jauregg (premio Nobel) llegó a la conclusión de que los accesos febriles contribuían a la mejoría de pacientes con sífilis y creó un mecanismo para provocar fiebre artificialmente, inoculando sangre contaminada con malaria. De la sífilis se pasó a utilizarse en el tratamiento de la demencia precoz.

3 El portugués Antonio Egas Moniz inventó la lobotomía y ganó el Nobel en 1949 por el descubrimiento del valor terapéutico de la lobotomía en determinadas psicosis.

4 El autríaco Sakel desarrolló una terapia de choque con insulina al inducir un estado de coma para tratar la esquizofrenia.

5 Antihistamínico.

6 Hipotensor.

7 Analgésico.

8 En Asturias el 10,7 % de las mujeres consume hipnosedantes a diario, un porcentaje que se eleva al 17,5 % entre los 55 y 64 años. https://www.astursalud.es/noticias/-/noticias/salud-lanza-una-campa-c3-b1a-para- reducir-el-abuso-de-psicof-c3-a1rmacos-en-las-mujeres-a-trav-c3-a9s-de-la-promoci-c3-b3n-de-la-igualdad

de ser «locas» de manicomio a «abusivas» (según la Consejería de Salud) consumidoras de psicofármacos?

Ello nos lleva a otra pregunta: ¿qué quiere decir «loco» y sobre todo qué quiere decir «loca»? Porque no es lo mismo ni tiene las mismas repercusiones: ya dijo Carmen Valls: «Ni dos o tres veces más locas que los hombres, pero, eso sí, de tres a cinco veces más medicalizadas».

Celia lo explica con toda claridad en sus trabajos: De las 800 y pico historias clínicas que analiza correspondientes al periodo 1909-1950, un alto porcentaje era de mujeres que transgredían roles sociales, que no se ajustaban a los modelos de la época, que disentían en sus hábitos, conducta y costumbres, ya fuera por ideología (rojas, republicanas, ateas), por prácticas sexuales no normativas o por comportamientos sociales o familiares inadecuados o impropios. Y, además, aquellas mujeres a cuyos maridos les conviniera recluir y/o inhabilitar.

Un breve recuerdo a Elizabeth Packard, pionera del movimiento de las personas psiquiatrizadas. Su marido, pastor calvinista, llamó a la policía para que la llevaran a un manicomio por cuestionar sus creencias religiosas, discutir cómo quería él educar a sus hijos y oponerse a la esclavitud. Y así fue como Elizabeth, madre de seis hijos, pasó tres años de su vida confinada en un manicomio del estado de Illinois, hasta que, en 1863, su hijo mayor, cumplidos los 21 años, pidió su «liberación» (aunque su marido continuó su reclusión en su casa, hasta que un juez recibió una carta a través de su amiga y se dictaminó que no estaba loca).

De modo que la locura más que una característica intrínseca a una persona, es un juicio de valor que se expresa sobre su comportamiento, un juicio de desviación; el nombre que en la práctica reciben algunas violaciones de las reglas de la vida social normativa.

Y el contexto manda. No es lo mismo estar loca en los años de la post guerra o ahora. Ni tampoco es lo mismo llamarse loca a una misma o que te etiqueten como «loca».

En cualquier caso, las pautas de comportamiento, los códigos de género marcan en cada aquí y ahora lo que está dentro y fuera de la norma y, por tanto, lo que es «anormal» y puede ser considerado «locura», ahora enfermedad mental (que abarca una gran cantidad de estados anímicos y reacciones ante circunstancias de la vida que antes no hubieran sido consideradas patológicas o ni siquiera trastornos), cuya lista ha crecido tanto como los fármacos que se utilizan (hasta el punto de que no sabemos muy bien si son antes los fármacos o las «dolencias» o si se nombran las dolencias en función de los fármacos» porque, una vez demolidas las paredes de los manicomios, todo ello es susceptible de medicalización.

¿Qué ha pasado –y de nuevo la experiencia psiquiátrica de Celia nos ayudará a entender– para haber llegado a esta inflación de síntomas, etiquetas y tratamientos?

¿Qué papel han tenido los profesionales de la medicina, de la psiquiatría? ¿Cómo podemos revertirlo? ¿Por qué no somos capaces de entender que el «Me estoy volviendo loca» está en función de las circunstancias, el entorno, las exigencias de género y en realidad habría que decir: «Me están volviendo loca»? Y ¿en qué momento dejamos que otra persona nos etiquete y nos administre tratamiento?

Y otro recuerdo para una de nuestras locas más emblemáticas: Juana la Loca. Todas y todos estudiamos que enloqueció de amor a la muerte de su esposo Felipe el Hermoso. Y dimos por buena la explicación, que encaja perfectamente con los modelos patriarcales: reina que lo fue de Castilla, Aragón y Navarra, pero locamente enamorada y una vez viuda, perdió el juicio, lo que le impedía gobernar según su padre, Fernando el Católico, y su hijo, Carlos I, que la mantuvieron recluida en Tordesillas 46 años. La etiquetaron de loca porque acompañó el cuerpo del difunto de Burgos a Granada para darle sepultura en un periplo que duró ocho meses. No era locura, era una táctica dilatoria, porque mientras su esposo no estuviera enterrado, ella no era oficialmente viuda y, por tanto, evitaba todo intento de que la casaran con otro y dividir o perder sus reinos. El levantamiento comunero la sacó de su encierro y le pidió encabezar la revuelta. Pero no lo hizo por cansancio o porque el encierro ya la había debilitado demasiado, o por temor a su hijo, que finalmente reinó.

Y entramos en la última faceta que Celia plantea: la resistencia que, para ella, quiere decir que hubo mujeres que se rebelaron, escapándose de su etiqueta de locas.

Celia destaca como una de las lecciones más importantes de su estudio que «hay que salir de la victimización de las mujeres locas porque estas mujeres también tenían una capacidad de resistencia a ese ambiente tan hostil y luchaban con estrategias propias como fugarse, mentir para evitar los tratamientos o incluso utilizar la institución para su propia conveniencia».

No sé cuál habrá sido el porcentaje de locas resistentes entre el total de más de 800 historias clínicas que estudió y si el resultado final de la resistencia fue positivo, en el sentido de haber podido salir de la etiqueta «loca».

Juana la Loca lo intentó, pero no lo consiguió.

Jane Bowles, la escritora, autora de *Dos damas muy serias,* tampoco.

Estuvo ingresada en Málaga (de hecho, murió allí, con un crucifijo en las manos en 1973 después de seis años de encierro y al menos 23 sesiones de electroshock) y Celia lo analiza en «Mujer, escritora y loca: la convulsa vida de Jane Bowles y su relación con los manicomios de Málaga», en una de sus colaboraciones con una universidad extranjera, entre las que se cuentan la francesa de Lorraine de Francia, la brasileña de Santa Catarina de Brasil y, en este caso, la portuguesa de Coimbra.

Jane no estaba ingresada en el pabellón 20 del manicomio (allí solo iba a recibir los electroshocs), estaba en una clínica privada de reposo, aspecto que también aborda Celia en otro de sus artículos: «Comparativa entre "las mujeres" ingresadas en la beneficiencia y "las señoras" del hospital privado Sagrado Corazón», porque no todas las «locas» son iguales... es decir, la clase social, los recursos económicos, también cuentan...

Pero alguna sí consiguió desembarazarse de la etiqueta, vivir para contarlo, como Leonora Carrington quien, cuando detuvieron en París a su pareja Max Ernst, huyó a España, en Madrid fue violada por un grupo de requetés y su padre le gestionó el ingreso en el hospital psiquiátrico de Santander, experiencia (que, por cierto, incluyó tres sesiones de inyecciones de cardiazol) que relata en *Memorias de abajo*. En 1941 se escapó y llegó a Lisboa, desde donde fue a México.

Y esta es otra de las preguntas que nos planteamos: si consideramos que la locura, la enfermedad mental, ese malestar... más que una característica intrínseca, es un mecanismo social para ahogar los comportamientos que alteran, rechazan las reglas al uso de la vida social: ¿qué resistencia oponer? ¿Cómo? ¿Con quién o quiénes?

Guillermo Rendueles dijo: «El malestar no depende de la psique individual, sino que es consecuencia de las relaciones de explotación y sumisión que genera el capitalismo»[9]. A lo que queremos añadir: y de las relaciones de poder y sometimiento que genera el patriarcado.

El tratamiento puede aliviar los síntomas, pero si no se desentraña esa problemática la enfermedad que la enmascara puede cronificarse y requerir la toma indefinida de medicamentos.

Celia, gracias por tu trabajo que nos ayudará a entender el cómo y el porqué de la «enfermedad mental», mirándonos en el espejo del sufrimiento de aquellas mujeres no tan lejanas y que nos permitirá reforzar, perfeccionar, afinar, nuestras resistencias.

---

[9] Rendueles, Guillermo (2017): *Las falsas promesas psiquiátricas*. La linterna sorda ediciones.

DE LA LOCURA A LA SALUD MENTAL: HISTORIA(S), FEMINISMOS Y RESISTENCIAS

por Celia García Díaz

Carlos Castilla del Pino (2011, p. 201) señaló en su trabajo *La psiquiatría española (1939-1975)* el carácter ideológico de la psiquiatría como especialidad médica, a caballo entre las ciencias naturales y las ciencias humanas. En este sentido, se puede plantear la gran dependencia de la psiquiatría como ciencia del androcentrismo que impregna la actividad investigadora, clínica y docente. Las feministas llamadas «de la segunda ola», en los años setenta, trabajaron precisamente esta cuestión, la detección de elementos del patriarcado y del androcentrismo en la actividad científica. Estas pensadoras y activistas señalaron que el discurso científico había adquirido (y aún conserva) un lugar de privilegio a la hora de legitimar políticas, discursos y prácticas que influyen directamente sobre la desigualdad entre los sexos. Investigadoras como Sandra Harding, con su obra *Ciencia y feminismo* (1997) o Evelyn Fox Keller (1982), entre otras, pusieron el foco en la práctica científica, en analizar el método y los diversos puntos o escollos donde se ejercía esta desigualdad. También desde la historiografía autoras como Joan Wallach Scott en su trabajo *Género e historia* (2009) replanteaban la actividad de los historiadores para identificar a las mujeres como agentes activas en el centro del relato histórico. Por otro lado, el discurso psiquiátrico fue puesto en el punto de mira también por estas mujeres, ya que el ejercicio de esta especialidad, debía ser problematizado. Desde que a mediados del siglo XIX se comenzara a plantear la especialización en medicina mental, que posteriormente daría lugar a la psiquiatría tal y como la conocemos ahora, los límites de lo considerado normal o anormal mentalmente para las mujeres han sido límites permeables, poco claros, cambiantes según las necesidades del patriarcado. Trabajos como el desarrollado por Phyllis Chesler en *Mujeres y locura* (1985) muestran cómo las etiquetas bajo las cuales las mujeres somos tildadas de «locas» son altamente dependientes de nuestro rol en una sociedad que trata de sujetarnos a papeles de diversa índole. Las mujeres que han transgredido (y transgreden) estos límites son mucho más proclives a soportar esta suerte de «letra escarlata» (García Díaz y Jiménez Lucena 2023). Otros trabajos, como el de Kate Millett, *Viaje al manicomio* (2019), nos permiten llegar desde el activismo feminista a las propias fauces del internamiento psiquiátrico, donde se pusieron de manifiesto todas las agresiones, violaciones de derechos humanos y demás cuestiones que la propia autora vivió.

La historia social de la medicina, en concreto desde la historiografía denominada *from below* («desde abajo») en el ámbito anglosajón, persigue investigar las experiencias de los y las enfermas con respecto los problemas de salud/enfermedad contextualizándolos y estudiando el amplio marco económico, político y social donde se insertaron. Desde esta visión, se desmitifica la estructura rígida que podemos imaginar en torno a que los procesos de salud/enfermedad tienen exclusivamente que ver con la relación entre un experto y una persona que sufre. Roy Porter plantea que las personas realizan actos para cuidarse antes de enfermar, que existe una gran influencia de la familia y de lo social que repercuten en estos procesos así como la propia vivencia subjetiva de la persona enferma (Porter 2016). Desde esta posición, entiendo la investigación en historia de la psiquiatría como una interrelación constante entre dos niveles: la historia global y la historia local, en los términos de Walter Mignolo (2003): Historia global en relación a los saberes desarrollados sobre la cuestión de la locura en este caso, el discurso de una medicina mental hegemónica en el primer tercio del siglo XX, el desarrollo de instituciones psiquiátricas y políticas creadas para enmarcar esta cuestión; e historias locales en relación a cómo esos discursos globales se implantaron en contextos concretos, la influencia de la vivencia de las personas que sufren, su subjetividad dentro de la institución, así como el papel de sus familias y de otras redes sociales como vecinos y médicos implicados en el internamiento. No se trata de negar la posibilidad de una naturaleza biológica en los procesos de enfermedades mentales sino de incluir otros niveles de complejidad que tienen que ser valorados y analizados para acercarnos de una forma más veraz al análisis histórico de la cuestión. Por otro lado, en la línea de pensar la historia de la psiquiatría desde la perspectiva feminista, se hace necesario introducir la idea de resistencia. No pensar a las mujeres internadas como objetos pasivos en el relato histórico, sino ir descubriendo cómo ellas pudieron resistirse a los envites de una práctica psiquiátrica alienante y a ejercicios de poder por parte de la familia (García Díaz 2023c).

1. Enfermedades que aparecen y desaparecen

En el relato historiográfico de la disciplina médica hay numerosas entidades morbosas que han ido apareciendo y desapareciendo según los contextos ambientales, geográficos, sociales y políticos. Desde la perspectiva feminista, la cuestión de género integrada en lo cultural de nuestra sociedad occidental ha ido configurando (y configura) etiquetas diagnósticas para mujeres en relación de dependencia con los roles femeninos hegemónicos del momento. Como planteaba Susan Sontag en su trabajo *La enfermedad y sus metáforas*, detrás de los padecimientos hay una carga cultural y moral que influye en la visión social sobre ella, incidiendo también en cada persona que la padece (Sontag 1978). Se pueden plantear ejemplos como la clorosis, enfermedad típicamente diagnosticada a mujeres jóvenes que fue descrita en el siglo XVI en la obra *De morbo virgineo* de Johannes Lange. Durante el siglo XIX estuvo enraizada en la sociedad burguesa y no llegó a desaparecer hasta bien entrada la centuria pasada. Estas jóvenes eran diagnosticadas tras sus primeras menstruaciones, basándose en una sintomatología difusa que conjugaba las reglas irregulares y dolorosas, cansancio, palidez, o incluso dispepsia y estreñimiento, entre otras. El tratamiento era muy preciso: matrimonio, coito marital y maternidad, en relación con los valores propios de la sociedad victoriana (Carrillo, Bernal y Carrillo-Linares 2010). Este diagnóstico constituyó una forma eficiente para reforzar en las jóvenes el rol de esposa y madre y su auge durante el siglo XIX coincide con el desarrollo de la primera ola feminista, lo que puede ser interpretado como una respuesta medicalizadora frente a los movimientos de emancipación de las mujeres (Juan Ll. Carrillo 2007). La histeria fue otra entidad ampliamente diagnosticada a finales del siglo XIX, tras el llamado giro psicológico de la medicina mental. Con el auge de la teoría psicoanalítica, donde la teoría del desarrollo sexual y el trauma adquirían un papel central, la histeria era diagnosticada ampliamente a mujeres en diferentes momentos vitales y en circunstancias muy diversas (Micale 1989). La medicina mental del siglo XIX estuvo basada en dos corrientes aceptadas como científicas en el momento, que fueron la craneometría y la teoría de la degeneración (Caponi 2023). Ambas hay que contextualizarlas en discursos científicos donde el positivismo era protagonista, por lo que la cuantificación y las mediciones comparativas entre grupos sociales bastaba para justificar argumentaciones sobre su supuesta inferioridad o superioridad mental. Además, la medicina asistía a un proceso de especialización, en la que era central legitimar y acotar el campus de actuación de cada especialidad. Así, en un momento histórico donde el feminismo de la primera ola era visto como una amenaza al sistema social que sostenía al sistema económico, los datos sobre el menor peso del cerebro de las mujeres o las distintas dimensiones del cráneo eran suficientes para asemejarlas a los niños. La obra de Paul Moebius *La inferioridad mental de las mujeres,* traducida al castellano por Carmen de Burgos en 1904 y reeditada en numerosas ocasiones, argumentaba esta diferencia basándose en mediciones de la circunferencia craneal y volumen del cerebro femenino en comparación con el masculino (Moebius, 118-119). Por otro lado, la teoría de la degeneración se fundamentó en los discursos naturalistas de Buffon o Lamarck (Caponi 2009) y tuvo un gran auge durante el siglo XIX en los planteamientos de la diferencia sexual. Esta idea también aparece en el texto de Moebius, concretamente en el prólogo, donde arremete contra críticas de escritoras coetáneas (Adele Gerhard y Helene Simon) que se posicionaron en contra de su argumentación misógina:

> Si, como reconocen los autores, existe un antagonismo entre la vocación natural de la mujer y la vocación artística, es fácil deducir que estas últimas son contrarias á la naturaleza femenina, y las mujeres que, no obstante esto, se deciden por semejante camino, se apartan de la naturaleza femenina ó son degeneradas. Las autoras no quieren entender de mi tesis que «las mujeres doctoras ó artistas son producto de una degeneración», pero todo su libro no es más que una continua prueba de esta tesis. Sin embargo, no debe tomarse la palabra degeneración en el sentido vulgar, esto es, no debe juzgarse arbitrariamente sobre este concepto. También las flores dobles son degeneradas y no por ello dejaremos de encontrarlas bellísimas (Moebius, n. d.)

Más adelante el autor plantea la cuestión de la herencia y la partenogénesis, como protagonismo de la figura paterna en la generación de la especie (J. Perona 1994):

> Un indicio esencialmente demostrativo de esta degeneración está en la pérdida de los caracteres sexuales, y así se dan hoy hombres afeminados y mujeres masculinizadas. Cuanto más nervioso se vuelve un pueblo, tanto más numerosas serán las jóvenes dotadas de talento y provistas de ilustración característica masculina. Es preciso tener en cuenta la influencia de las enfermedades hereditarias: la hija toma mucho del padre; luego cuanto mayor sea el número de hombres cerebrales, tanto mayor será la transmisión de sus cualidades á sus hijos (Moebius, p. 63)

Otro de los fragmentos de su obra gira en torno a una crítica feroz hacia la figura de Nora, la protagonista de *Casa de muñecas* de Ibsen, donde establece un paralelismo claro entre la degeneración morbosa y la locura en las mujeres en relación a la idea de naturalización del quehacer social femenino y la fundamentación de la normalidad psíquica de las mujeres en sus cometidos reproductivos. La describe como:

> (…) criatura degenerada, semiloca, que abandona á sus hijos porque se imagina ser su deber perfeccionar su miserable yo. En verdad, esto me ha dislocado, y cuanto más lo pienso; tanto más ese sentimiento me ha parecido abominable y odioso (Moebius, p. 123-124)

La cuestión del liberalismo, tan presente en la época, hace reflexionar al autor sobre los efectos del mismo en la feminidad, ligándola a un proceso morboso directamente:

> Luego ¿cuál es la condición morbosa que hace á la mujer prestarse tan fácilmente á las sugestiones de la libertad? Esa condición se encuentra en el moderno nervosismo.

> Un indicio esencial de esta forma de degeneración, llamada por nosotros nerviosismo, se halla por de pronto en el hecho de que los instintos naturales se vuelven inciertos ó dudosos en las exteriorizaciones. Cuanto más sano es un individuo, tanto más decisivamente será macho ó hembra. En los individuos nerviosos se reunen rasgos que participan de uno y otro sexo, dándose así hombres afeminados y mujeres masculinizadas (Moebius, p. 128-129)

Finalmente afirma: «Una mujer que no quiere tener hijos ó que teniendo el primero dice: "Uno solo y basta", demuestra, indudablemente, una naturaleza degenerada» (Moebius, p. 134).

En este clima de controversia entre las ideas de viejas y nuevas feminidades, la creación de nuevos diagnósticos psiquiátricos estaba servida. Como plantea Sandra Caponi, haciéndose eco de las ideas desarrolladas por Michel Foucault, la teoría de la degeneración dio lugar a un amplio catálogo de «normalidades» y «anormalidades» que incluían y excluían de lo deseado socialmente a todas las personas que no compartieran los ideales sociales clásicos victorianos. En este sentido, se plantearon diagnósticos como la locura de los vegetarianos o locura de los antiviviseccionistas, mayoritariamente animalistas, que surgieron en respuesta al uso de animales en la experimentación de laboratorios y fue desarrollada por Magnan (Caponi 2023). Igualmente se popularizó la «locura de las ilustradas» o «locura de las feministas», siguiendo la suposición de la existencia de un hermafroditismo psíquico en las mujeres con inquietudes intelectuales que rechazaban el destino puramente reproductivo. Esta idea del hermafrodistimo psíquico la retoma Moebius de los estudios de Krafft Ebing sobre sexología, donde argumenta que son mujeres con apariencia física femenina pero que tienen un cerebro de hombre (Caponi 2009, 2010). En nuestro ámbito, un influyente médico internista gallego del primer tercio del siglo xx se hizo eco de estas ideas publicando una obra titulada *La indigencia espiritual del sexo femenino: las pruebas anatómicas, fisiológicas y psicológicas de la pobreza mental de la mujer. Su explicación biológica* (Novoa Santos 1908).

2. La configuración de la especialidad psiquiátrica en España (s. xix-s. xx) y las mujeres

No solo el proceso de especialización de la medicina mental influyó en la configuración de la idea de la locura en las mujeres. La profesionalización de los hombres dentro de la ginecología moderna, ámbito tradicionalmente ocupado por las mujeres en la asistencia a partos y todo lo relacionado con las patologías sexuales, se fue desarrollando en el contexto de la medicina experimental del siglo xix. El auge de nuevas técnicas quirúrgicas, la anestesiología y la idea del intervencionismo médico en los procesos de embarazo y puerperio, desde visiones poblacionistas, fundamentaron el nacimiento de esta nueva (y no tan nueva) especialidad médica. En el pensamiento occidental, la idea de que hay una conexión entre el psiquismo de las mujeres y nuestro aparato reproductor ha sido la base de teorías desde el pensamiento clásico griego (Reynolds 2018). Esta conexión entre ambas estructuras se retomó con fuerza desde el paradigma anatomoclínico en la primera mitad del siglo XIX, lo que contribuyó notablemente a la idea de una etiología ginecológica de las enfermedades psíquicas en las mujeres en la segunda mitad del siglo XIX hasta bien entrado el siglo XX fundamentado en teorías reflexógenas y como argumento central usado en la patologización de las mujeres que defendían el acceso a estudios superiores (Rowold 2010). En nuestro ámbito, el análisis que realizaron las investigadoras Isabel Jiménez Lucena y María José Ruiz Somavilla sobre los contenidos de la *Revista Frenopática Española* demuestran que esta idea estuvo presente en la interpretación de casos concretos de supuesta locura de mujeres y de prácticas «terapéuticas» mutiladoras como tratamiento. Esta revista fue el órgano de difusión del Manicomio de San Baudilio de Llobregat y se publicó entre los años 1904 y 1912. Según las investigadoras, las etiologías atribuidas a trastornos mentales en los dos sexos eran radicalmente diferente. Mientras que en los hombres se buscaban etiologías externas, de carácter tóxico (neurastenia tabáquica, por ejemplo) en las mujeres la etiología era interna estrechamente relacionada con su ciclo hormonal, donde la menstruación, el parto, puerperio y la menopausia adquirían un protagonismo inusitado, en ocasiones, vistas como autointoxicaciones (Jiménez Lucena y Ruiz Somavilla 1999). Refieren así que

> Procesos fisiológicos como la menstruación, la gestación, el puerperio y la menopausia podían coadyuvar al desarrollo de la locura cuando el terreno estaba preparado. Esta relación era consecuencia de la asimilación que los frenopatólogos o psiquiatras venían haciendo, desde finales del siglo XIX, de las teorías médicas que explicaban la aparición de determinadas patologías en las mujeres. Las teorías reflexógenas habían establecido una estrecha conexión entre la fisiología y la patología de los órganos genitales y el sistema nervioso femenino, que estaba cumpliendo una función social, al legitimar las condiciones de desigualdad entre hombres y mujeres, entre otras (Jiménez Lucena, Isabel; Ruiz Somavilla 1999)

En el estudio de los contenidos de archivos clínicos históricos se puede apreciar la vigencia de estos supuestos etiológicos. En una primera aproximación al estudio del archivo clínico de la institución psiquiátrica del llamado «Manicomio particular de señoras de Nuestra Señora del Sagrado Corazón de Jesús» de Málaga (AHHH en adelante) fueron localizadas dos historias clínicas de pacientes internadas a principios del siglo XX donde se aprecia esta conexión. Una mujer ingresada en 1913 fue llevada a la institución por su marido por no haber consumado «los deberes del matrimonio» en la noche de bodas. El tratamiento al que fue sometida fue la aplicación de sanguijuelas perineales en 1914. La paciente permaneció internada de por vida, falleciendo en 1965 (AHHH, n.º 243). En 1924 otra mujer fue ingresada por petición de su hermano. Según se relata en el documento, «se abandonaba a abusos deshonestos» (masturbaciones), estaba soltera y ante esto, se procedió a su ingreso con un diagnóstico de «manía genital» siendo tratada con cauterizaciones vulvares (AHHH, n.º 568).

3. Estudio de un caso: La sala de mujeres (sala 20) del Manicomio Provincial de Málaga (1909-1950)

Los discursos de la medicina mental hegemónica generaron consecuencias en las prácticas clínicas, afectando directamente al cuerpo y a la vida de las mujeres. El estudio de archivos clínicos de instituciones psiquiátricas desvela estas prácticas (discursivas y no discursivas), que deben ser analizadas desde la perspectiva de género. Además, este tipo de fuentes historiográficas nos pone en contacto no solo con elementos de este discurso global, sino que nos aproxima a las vivencias y experiencias de las internadas, a través de sus escritos, cartas, o fragmentos literales que quedaron recogidos por los médicos que las atendieron.

La sala de mujeres del Manicomio Provincial de Málaga ha sido estudiada desde diferentes perspectivas, tanto a nivel organizativo en el contexto del Hospital Civil como hospital general en el que se insertaba, las remodelaciones estructurales que fue necesitando a lo largo del periodo estudiado, los espacios generizados en el manicomio y los perfiles sociodemográficos de las pacientes (García Díaz 2020). Sin embargo, la cuestión más novedosa en el análisis de las historias clínicas es rescatar y recomponer la experiencia de internamiento de las mujeres, en la línea de la historiografía «desde abajo». El análisis de los procesos de subjetivación de las mujeres (García Díaz y Jiménez Lucena 2010) así como la crítica hacia la aplicación de etiquetas diagnósticas ante situaciones de transgresión de roles femeninos tradicionales (García Díaz y Jiménez-Lucena 2023) y el estudio de la relación médico-paciente que se gestaba en la sala 20 (García Díaz 2023) han sido otras aportaciones del trabajo con las historias clínicas desde la perspectiva de género.

La sala 20 (sala de mujeres) del Manicomio Provincial de Málaga se creó en 1909 adherida al edificio principal del hospital general. Mientras la sala de hombres (sala 21) ocupó todo el edificio principal de la institución manicomial, aislado del hospital general y rodeado de zonas ajardinadas con área de esparcimiento y huerto, las mujeres fueron confinadas a un espacio mucho más deficitario, que precisó remodelaciones prácticamente desde el momento de su apertura. Ellas no contaban con una zona ajardinada tan amplia, tenían un patio más pequeño, no tenían acceso al huerto ni talleres donde desarrollar la laborterapia. De hecho, la sala precisó reformas en 1927 y entre 1931 y 1932 se amplió gracias a la habilitación de un sótano como dormitorio y el techado de una galería anexa (García Díaz 2023c).

La institución pertenecía a la beneficencia, aunque se contemplaba en sus reglamentos la posibilidad de internar en régimen de pensionadas pagando un dinero por tener una alimentación más completa, una habitación «decentemente amueblada» y un horario de visita de los familiares más amplio (García Díaz 2023c, p. 30). La mayoría de las historias clínicas analizadas pertenecían a mujeres nacidas en pueblos de la provincia, con una media de edad de 33 años y casadas (41,8 % del total), aunque durante la Guerra Civil aumentó el internamiento de mujeres con edades entre 18 y 29 años y solteras (García Díaz 2023c). En cuanto a la profesión, en un casi 70 % no se recogía este dato entre los datos administrativos. Del 30 % restante donde sí figuraba en el 80 % de los casos se anotó «sus labores/su sexo/labores propias de su sexo». El 20 % correspondían a sirvientas y costurerass. Las demás fueron tres maestras, dos enfermeras, dos cocineras y una religiosa, una portera, una cigarrera y una trabajadora de una fábrica. Sin embargo, en el relato biográfico que se anota dentro de la historia clínica, queda patente que las mujeres desarrollaban trabajos no reconocidos oficialmente, como planchadoras, tejedoras o encaladoras de fachadas o incluso sí reconocidos pero invisibilizados en la hoja de entrada, como fue el caso de una farmacéutica de un pueblo de Córdoba (García Díaz 2023c). En cuanto a variables puramente clínicas, de las 811 historias analizadas el diagnóstico de esquizofrenia fue el más frecuentemente aplicado a las mujeres. Los tratamientos sí fueron diferentes según la década de ingreso: las llamadas piroterapias o piretoterapias fueron muy usadas durante el primer tercio del siglo XX. Estaban basadas en la idea de que al provocar fiebres altas a pacientes con agitación esta disminuía notablemente, por lo que se comenzaron a usar diferentes agentes para provocar hipertermia, como los abscesos de fijación por inyección de tóxicos subcutáneos (esencia de trementina, por ejemplo) que además provocaban un dolor intenso en el miembro afectado que actuaba como medida de contención física; o agentes biológicos como las vacunas antitifoideas o antiestafilocócicas. En la sala 20 fue muy usada la malarioterapia, que consistía en la inyección de sangre infectada de una paciente con malaria a una mujer sana para provocar los accesos febriles. A continuación, se le trataba con quinina para mitigarlos. Esta forma de terapia fue escasamente usada en otros ámbitos de nuestra geografía, sin embargo, Málaga era una zona endémica durante el primer tercio del siglo XX, por lo que era relativamente fácil contar con sangre de personas infectadas (García Díaz 2023c). A finales de la década de los años treinta y principios de los cuarenta se popularizaron las terapias de choque. Se inició de forma temprana su uso en la sala 20 a través de la insulinoterapia, inyectado insulina a dosis ascendentes hasta inducir en las pacientes un coma hipoglucémico. Médicos como Luigi Insabato en 1940 planteaban que las mujeres precisaban mayores dosis de insulina por ser más resistentes a la misma (García Díaz 2023c). Esta situación ponía a las pacientes en un riesgo vital muy importante, si además partían de estados caquécticos previos. El choque cardiazólico se caracterizaba por un fuerte periodo convulsivo que provocaba fracturas con un alto riesgo también para la vida de las internadas. Ambas formas de terapia de choque eran más costosas (sobre todo la insulinoterapia) porque requerían mayor vigilancia de la paciente y una sala acondicionada para su observación. Con la aplicación del electrochoque en humanos por parte de Ugo Cerletti y Lucio Bini en 1938 (Passione 2004), se podía administrar este tratamiento en salas comunes donde las pacientes quedaban en sus camas y el médico iba aplicando las descargas de una cama a otra. Además de que era más barato y más fácil su uso, esta idea de aplicarla en los espacios comunes fue defendida por Pedro Ortiz Ramos y otro psiquiatra, Fernando Álamos, como una forma de persuasión entre las enfermas (García Díaz 2023a).

Otro dato controvertido ha sido el estudio de la estancia media de las pacientes en la sala 20. Frente a la suposición de que la institución recluía a las mujeres de por vida o en internamientos muy prolongados, los datos arrojan una estancia media de los historiales de apenas un mes y medio (García Díaz 2020). Sí es interesante observar que el número de reingresos se dispara en la institución malagueña a partir de los años cuarenta y cincuenta, coincidiendo con el amplio uso del electrochoque, que generaba un apaciguamiento de los síntomas, pero sin conseguir ningún tipo de avance en la mejoría total del cuadro, por lo que las mujeres volvían a ingresar.

4. ¿Cuerpos que importan? Configuración de las subjetividades en las «mujeres-locas» de la sala 20 del Manicomio Provincial de Málaga

La investigación sobre la subjetividad de las pacientes internadas en instituciones psiquiátricas requiere un nivel mayor de complejidad que el análisis puramente cuantitativo de los datos sociodemográficos y clínicos. Para acercarme a este objeto de estudio he usado los contenidos narrativos de las historias clínicas, tanto de forma directa como cartas de las propias pacientes o de los familiares como de forma indirecta a través de comentarios literales que recogían los médicos en el historial sobre sus formas de estar en la sala 20. Se trata de reconstruir la narración sobre la experiencia de internamiento de las mujeres que pasaron por la sala, a través de la recogida de los fragmentos que se han localizado en las historias clínicas. En esta investigación se detectaron las temáticas en torno a las que giraba este proceso de subjetivación: cuerpo, sexualidades, la institución como tecnología de control, el trabajo de las «mujeres-locas» tanto fuera como dentro de la sala 20, la violencia contra las mujeres y las autoridades han sido cuestiones recurrentes en las narrativas de las pacientes y en las anotadas en los historiales.

El cuerpo de las mujeres ha sido (y es) un argumento fundamental para naturalizar su papel en la sociedad, ciñéndolo a un destino biológico que muchas feministas trataron de desmitificar. Las alusiones a la importancia de las menstruaciones, los embarazos, partos, puerperios, menopausia y, en general, todo lo referente a los órganos sexuales femeninos constituyeron un punto fundamental en la patologización de las mujeres de la sala 20 (García Díaz y Jiménez Lucena 2010). Expresiones de los familiares recogidas en las historias clínicas apoyan esta hipótesis:

> Se había puesto mal de la cabeza al lavarse el cuerpo entero mientras tenía la regla, y desde entonces, la veían triste, suspiraba mucho, no quería salir de casa y decía que tenía pena por hacer sufrir a sus padres. Archivo de la Diputación de Málaga. ADPM en adelante, lg. 10150:124 (1933)

> Al operarse de la matriz y los ovarios se le quitaron las preocupaciones de todos los días, solo dos días antes de venirle el periodo se pone así. ADPM, lg. 10152 (1949)

> (...) me da mucha pena tener que dejarla en esa sala una temporada, sabiendo yo que mi esposa no es loca como las demás, pues su enfermedad consiste en que mensualmente, cuando tiene la menstruosidad, es cuando se trastorna un poco y es tan fuerte el estado nervioso que le entra que le da por pelearse conmigo y con nuestra hija; yo he podido soportarla todas las fuerzas de su enfermedad nerviosa y la he sobrellevado más o menos tiempo hasta que se le ha pasado y ha vuelto nuevamente a la normalidad. ADPM, lg. 10468 (1940)

La cuestión de los embarazos no deseados se refleja en el contenido de las historias clínicas, como fue el caso de CTT, que ingresó en la sala 20 desde 1937 procedente del colegio de las Adoratrices, hasta 1939 y fue diagnosticada de psicopatía:

> (...) tras llevar tres meses sin la regla, me declaré a la superiora (...) el que hizo esto conmigo me debía haber pagado por toda la vida. ADPM, lg. 10150:71 (1937)

En la última frase de esta mujer se puede apreciar el matiz de involuntariedad del embarazo, de no consentimiento por su parte. También se puede plantear como estrategia de resistencia, ya que trata de denunciar la situación a su entrada a la sala 20. La cuestión de las relaciones entre las sirvientas y los señoritos burgueses en este momento histórico fue un punto de denuncia que pensadoras anarquistas como Federica Montseny llevó a la novela como medio de instrucción y denuncia (Guirao 2012). FSL era sirvienta en una casa en Antequera en 1945 y tenía 22 años. Entró a la sala 20 por sospecha de embarazo, se anotó «no es enferma mental», «no se le autoriza a salir» y se le diagnosticó de psicopatía. Permaneció tres años en la institución y no quedó nada más registrado en su informe. Este caso nos puede hacer pensar en cierta connivencia entre la institución psiquiátrica y los embarazos de posibles relaciones extramatrimoniales entre señoritos y sirvientas, tan frecuentes en la época. Como refiere Guirao, la sexualidad y los cuerpos de las sirvientas pasaba a ser un bien más del que podían apropiarse los señoritos burgueses, creando así la idea, según Foucault, de que existió una sexualidad de clase altamente problemática (Guirao 2012, p. 158).

Igualmente, las conductas sexuales disidentes en las chicas jóvenes también constituyeron un elemento que justificaba el ingreso en la institución psiquiátrica. Este fue el caso de JCG, apodada en la sala como «la niña chica», que procedía del Patronato de Protección de la Mujer en 1948; su madre refería:

> Le ha dado por estar todo el día en la calle, si le dan dos perras, se va detrás de cualquier hombre. El otro día la cogieron con dos hombres. La trajeron a su casa. Yo no puedo atenderla. Mi marido se quedó parado, vendió la casa y se marchó». ADPM, lg. 10152 (1948-1967)

Siguiendo el modelo de los procesos de subjetivación de Nikolas Rose (2019), la sala 20 se constituyó en tecnología de control, en el sentido de aglutinar un conjunto de prácticas discursivas y no discursivas donde se pretendía la coerción (y persuasión en ocasiones) de conductas, formas y estilos de vida, así como de roles sociales, estrictamente definidos para las mujeres según la moral de la época (García Díaz y Jiménez Lucena 2010). Así, esta paciente era descrita en su historia clínica como

> Caprichosa, expansiva, violenta. Muy independiente. Ha dicho a veces que la pretendían. Rarezas. Fantástica. Su moral algo rara. Siempre ha sido rara, extraña y estrafalaria. ADPM, lg.10153:146 (1943)

La sala 20 se convirtió también en el lugar del hospital donde ingresar a mujeres que tenían trastornos de conducta en otras salas y transgredían, por tanto, las normas de la institución. Este fue el caso de otra paciente, de la que quedó anotado en su historia:

> En esta sala (sala 18) le dio un ataque de nervios: empezó a empujar a las enfermeras, a dar gritos, a tirar los cacharros (no perdió el conocimiento). No decía tonterías. El marido atribuye esta excitación a que se impresionó al verse sola en el

hospital, ya antes de salir de casa dijo muy afligida «Yo del hospital no salgo más con vida». ADPM, lg. 10152 (1949)

Aunque la sala 20 imponía estrictas normas como cualquier institución totalitaria, las mujeres tuvieron la capacidad de resistirse a pesar de las duras condiciones del internamiento. De las 811 historias clínicas analizadas en 35 quedaron reflejadas las fugas de las pacientes, además de expresiones de desobediencia explícita y desafíos tanto a los discursos médicos como a los discursos de familiares. Una mujer internada en 1937, cuando Málaga acababa de ser ocupada por las fuerzas franquistas, dejó escrito lo que, a su parecer, estaba ocurriendo con su caso:

> Sr. Gobernador Civil:
>
> Muy señores míos: llevo quince días de muerte encerrada aquí perdiendo tres más de vida. Tal vez soy culpable en cuyo caso le ruego me perdonen pero mi inteligencia sólo alcanza a saber que no me atendieron a lo que pedí; que están consumiendo caprichosamente mi salud y mi vida. Hay innumerables refugiados que debieran haberse contentado con pisar tierra nacional sencillamente. Yo no necesito ni de unos ni de otros para desenvolverme en mi vida de manera honorable necesitando sólo que no me entorpezcan y me den el pasaporte que solicito (...) Necesito que aunque solo sea un día más lo que yo debo estar aquí me trasladen a un lugar conveniente donde siquiera pueda dormir. ADPM, lg. 10150:177 (1937)

El retener este tipo de misivas en las historias clínicas sin que fueran enviadas a sus destinatarios puede ser interpretado desde la idea de una censura en la institución hacia la voz de las mujeres, como se plantea en algunos trabajos derivados de la investigación de historias clínicas en Santa Isabel de Leganés, Madrid (Huertas y Villasante 2019; Villasante, Olga; Vázquez de la Torre, Paloma; Conseglieri, Ana; Huertas 2016; Villasante *et al.* 2018). Debido a esta cuestión, las mujeres ilustradas que sabían escribir optaban por dejar constancia de su versión una vez salían de la sala 20. Este fue el caso de otra paciente, que tras estar internada en la sala 20, le escribió al doctor Ortiz Ramos para explicarle su situación con el marido, quien había decidido internarla unos meses antes (García Díaz 2023b). En ella explicaba claramente cómo ella pensaba que el marido quería quedarse con su farmacia, los intereses del médico del pueblo que habían intervenido en la petición de ingreso de ella y la situación con sus hijos. Finalmente, la misiva termina con una frase clara:

> Actualmente no hay ahorrado ni un céntimo, se deben en los centros farmacéuticos unas doce mil pesetas debido a que él es aficionado al juego en los casinos (...) Tuve un acierto al casarme ¿verdad? Sobran los comentarios. ADPM, lg. 10439 (1950)

Las peticiones de las pacientes a sus familiares para que les lleven sus objetos personales también pueden constituir una forma de resistencia o de denuncia, sobre todo cuando las mujeres tratan de pedir papel para escribir, que no estaba disponible para ellas en la sala 20. Esta paciente escribió en 1941 esta carta a sus familiares:

> Quiero que me mandes a casa por toda mi ropa y el peine fino que compré en Tánger [...] y mi estilográfica. Quiero que me compres un rulo de papel higiénico y papel de escribir. Un abrazo, C. ADPM, lg. 10468:29 (1941)

El trabajo es otra temática recurrente en las narraciones recogidas en las historias clínicas. El hecho de que una mujer tuviera síntomas de supuesta locura no era un problema para la familia mientras pudiera seguir ocupándose de las tareas del hogar y de los cuidados. Las pacientes eran llevadas a la sala 20 cuando fallaban como fuerza de trabajo doméstico. DGS, que tenía 26 años cuando ingresó en 1940 y fue diagnosticada de psicosis puerperal, fue llevada por el marido al hospital y el psiquiatra anotó «el marido la trae por su inactividad» (ADPM, lg. 10468). Otras expresiones se anotan en otras historias: «Carácter irritable, díscolo, poco trabajadora y poco inteligente» (AGG, ADPM, lg. 10150); «Refiere el marido que lleva bastante tiempo que la nota rara. Desde febrero no se ocupa en nada...» (ADC, ADPM, lg. 10150:38); «Desde hace 4 años que el marido falleció en Gerona, la notan mal. Empezó a tener mal genio, contestaba a su madre, trabajaba poco en la casa» (DFS, ADPM, lg. 10468:12,1940). De hecho, la idea de recuperación dentro de la institución estaba íntimamente ligada al trabajo dentro de la sala: «Trabaja fregando el suelo. Hace cuanto le indican. Está regular de limpia. Tiene carácter» DPG, ADPM, lg. 10153:71 (1923-1966); «Trabaja en la costura, trabaja en el croché, trabaja... (no me voy porque no vienen a por mí)... Trabaja, cose y lava» DPC, ADPM, lg. 10153:177 (1924-1963). Estas mujeres constituían el soporte de la sala, en la medida que fueron utilizadas de una forma subrepticia para limpiar, coser, trabajar en la cocina e incluso cuidar a otras internas (García Díaz 2020, p. 531-532). En la historia de MGA se anotó una frase en relación con estas resistencias «...dejaba de hacer los trabajos en la cocina del hospital porque no le pagan una peseta diaria y no quiere ser explotada» ADPM, lg. 10153:150 (1934).

La violencia contra las mujeres también estuvo presente en los relatos de las historias clínicas analizadas. En el caso de TGL, que ingresó en 1942, se anotó:

> Ingresó en 1942 en la sala de obstetricia por hemorragia vaginal, tras una paliza que el marido le había propinado, quemándole la ropa posteriormente. La hermana la acompañó y facilitó estos datos. Derivado de esta situación, la mujer quedó per-

pleja, callada, estuporosa y en la misma posición. Por este motivo, fue ingresada en la sala 20, donde recibió varias sesiones de electrochoque. Fue dada de alta dos meses después para ingresar en la sala San Pablo. ADPM, lg. 10467:37

La respuesta de la psiquiatría hegemónica fue el internamiento y la aplicación de electrochoques. En el caso de otra mujer que se internó en 1941, las alusiones explícitas al maltrato gozaron del reconocimiento incluso del psiquiatra que tomaba nota del caso. Esta violencia física quedaba justificada porque la mujer era alcohólica, según lo recogido en la historia:

> Su marido le pegaba pero no había conseguido hacerla aborrecer el tóxico. Ella reconoce el buen comportamiento de su cónyuge y comprende la necesidad que ha tenido de internarla. ADPM, lg. 10150:32 (1941)

Por último, otra de las cuestiones a dilucidar es la de las autoridades. ¿Quién o quiénes tienen esa autoridad para hablar de la locura de las mujeres? El poder hegemónico en la modernidad se legitima en el saber y se evidencia en que el conocimiento psiquiátrico se constituye en autoridad que interpreta conductas y argumentos como datos positivos que hacen ver como síntomas (o no) conductas, formas de estar en el mundo que pueden ser contrahegemónicas. En las historias clínicas analizadas esto se puede observar de forma más clara en las correspondientes a la posguerra. En el caso de una paciente que provenía de la prisión de mujeres en 1939, el motivo de ingreso era vestir pantalones, indumentaria que se asociaba al bando republicano. Así quedo recogido en la historia clínica parte de su relato:

> Entra correcta. Sabe leer y escribir. Viene mal vestida. Llora y refiere que siempre la han tratado mal, los chicos la apedreaban. Oye hablar a su madre. Rápidamente se anima cuando habla de su matrimonio con un francés de las Brigadas Internacionales que conoció en Barcelona. Se tuvo que separar por cocainómano. Habla francés: conoce las expresiones y el argot (...) La han traído de la aduana, iba por la calle con unos pantalones y le pegaron y entonces fue detenida. Sabe leer y algo escribir. ADPM, lg. 10150:94

Pero en la cuestión de las autoridades también aparecen las resistencias, como en el caso de esta mujer que fue internada en 1940. Se recogió en su relato:

> Cuidada, correcta, tranquila. Orientada. Se queja de estar incómoda con su familia pues no tiene correspondencia. Explica que por haber subarrendado en Tetuán una habitación a su señor (...) la denunció como persona no adicta al movimiento. «No me han juzgado la causa». No quiere explicar otras cosas «Por no ser usted (...) mi juez, sino mi médico y no es preciso». ADPM, lg. 10150:39 (1940)

Figura 1: Patio de la sala 20 (sala de mujeres) del Manicomio Provincial de Málaga. Fondo Antonio Piña. Área Historia de la Ciencia, Universidad de Málaga

5. La «democratización» de la locura: de la contención física a la contención química

Es difícil rastrear el uso de las medidas de contención física en las historias clínicas de las instituciones psiquiátricas en la primera mitad del siglo XX porque en numerosas ocasiones, su uso no quedaba reflejado en los historiales. En el caso de Málaga, son muy escasas las referencias al uso de la camisa de fuerza en las historias clínicas. Sin embargo, sí queda constancia del uso de aparatos de tortura que ya en los años treinta quedaron prohibidos por la legislación que seguían estando escondidos en las salas de agitados. En el caso de la institución malagueña, Miguel Prados Such denunció su existencia a la diputación en 1933 (García Díaz, 2018). Durante la década de los años cincuenta la asistencia psiquiátrica sufrió un cambio importante debido a la síntesis de los primeros psicofármacos. Esta condición, unida a las instituciones psiquiátricas masificadas y con un cierto fracaso de las técnicas de choque, que se habían prometido como esperanzadoras, hizo que la industria farmacéutica se interesara en el mercado de los psicofármacos. Sandra Caponi en su último libro titulado *Política, psicofármacos y vida cotidiana* analiza la publicidad de estos productos en el mercado occidental, donde usaban un lenguaje triunfalista, llegando a equiparar el descubrimiento del primer antipsicótico (clorpromazina) con los antibióticos. En su estudio, analiza cómo se llegó a publicitar este psicofármaco, en un programa que ella denomina muy acertadamente, de biopolítica de la indiferencia. Los resultados de los ensayos con este fármaco sobre pacientes psiquiátricos argumentaban con mucha frecuencia que la gran ventaja de esta sustancia era que los pacientes quedaban sin capacidad de reacción, indiferentes. Como una especie de lobotomía química (Caponi 2023, p. 98).

Otra de las consecuencias del desarrollo de los psicofármacos estuvo relacionada con la idea de medicalizar procesos que, hasta entonces, no tenían por qué ser patológicos. Así, el discurso psiquiátrico salía por fuera de las instituciones, fuera de los manicomios y se instalaba en cada uno de los hogares a través de la publicidad, lo que se ha denominado «psiquiatría ampliada». Y en el caso de las mujeres, de una forma más importante, como mayores consumidoras de psicofármacos, cuestión que aún hoy sigue perpetuándose. En el caso de la clorpromacina, esta fue publicitada como sustancia antiemética, uno de sus primeros usos, luego para la agitación senil y hasta para controlar el estrés de las mujeres (Caponi 2023, p. 183). El crecimiento de la industria de los psicofármacos fue exponencial en la segunda década del siglo XX y las mujeres fueron un blanco perfecto para las políticas represivas de origen químico. Publicidades engañosas donde en ocasiones, los maridos de estas mujeres eran las «víctimas» de sus estados de irritabilidad y se quejaban, demandando para ellas soluciones farmacológicas (Figura 2).

Posteriormente, en la década de los años ochenta y noventa del siglo XX el boom de fármacos como Prozac (fluoxetina), un antidepresivo que funciona como inhibidor selectivo de la recaptación de la serotonina en las conexiones neuronales, volvió a popularizarse asegurando que era la «pastilla de la felicidad», incluso las pacientes venían pidiendo a consulta este fármaco para mejorar su situación anímica. El análisis de la publicidad del fármaco como se puede observar en la figura 2, usa la comparación metafórica del psicofármaco con un detergente o abrillantador, mostrando la misma estética de estos productos de limpieza, donde se puede leer «*mood brightener*», que se podría traducir como «limpiador o abrillantador del ánimo», o «*whas your blues away*», como «lava tu tristeza o limpia tu tristeza». La relación metafórica entre psicofármaco y producto de limpieza nos hace pensar en el uso simbólico de la sustancia dirigido estratégicamente al sector feminizado de la población encargado de las tareas domésticas.

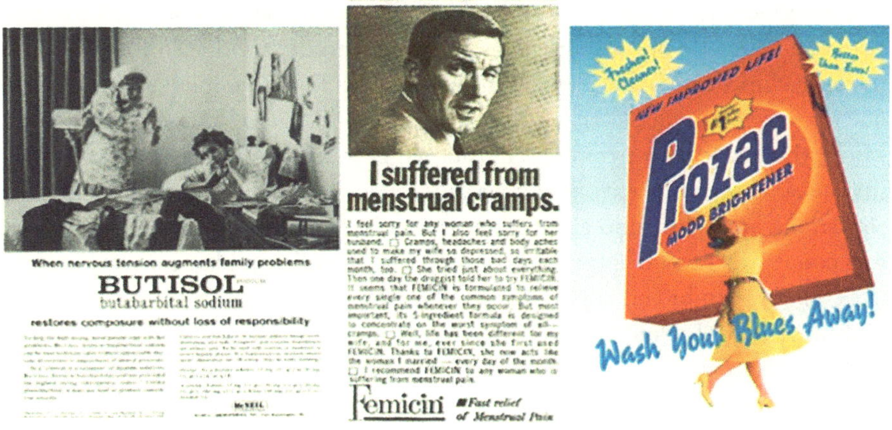

Figura 2: Publicidad de algunos psicofármacos (Butisol y Prozac). En el centro, publicidad de un fármaco para minimizar los síntomas durante la menstruación

6. Frente a las instituciones psiquiátricas totalitarias y la psiquiatría ampliada: Reformas y movimiento antipsiquiátrico (décadas setenta y ochenta del siglo xx)

La cuestión de la locura en las mujeres, como se ha planteado al inicio del artículo, estuvo en el punto de mira por investigadoras feministas en el contexto de los años sesenta y setenta del siglo xx, un momento en el que los movimientos sociales respondieron con rotundidad a políticas represivas y a la guerra de Vietnam. Así, movimientos pacifistas, la lucha por los derechos de la población afrodescendiente en Norteamérica, Mayo del 68 en Francia y el movimiento antipsiquiátrico, localizado fundamentalmente en Italia e Inglaterra, dieron lugar a un ambiente revolucionario, donde se imponía el cambio de modelo asistencial a la locura, la necesidad de cerrar las instituciones psiquiátricas antiguas vividas como herederas de una psiquiatría coercitiva y abusiva y el inicio de un cambio en la asistencia coincidiendo con el auge del Estado del bienestar en los países occidentales.

Las aportaciones multidisciplinares de sociólogos, filósofos, políticos, psiquiatras y enfermos mentales favorecieron un replanteamiento tanto del discurso como de las prácticas psiquiátricas. David Cooper en 1967 propuso el término «antipsiquiatría», quedando muy sorprendido con la acogida del mismo. Debió puntualizar que no se trataba de ninguna doctrina cerrada, sino de un conjunto de posiciones críticas frente a una psiquiatría contextual. Como antecedentes, se pueden citar las obras publicadas en 1961 tanto de Erving Goffman con *Internados* como de Michel Foucault con *Historia de la locura en la época clásica* que eran conocidas hasta entonces solo en el mundo de la academia. La tesis de Michel Foucault tuvo escasa repercusión en el momento de su lectura en 1966, sin apenas describir reacciones en las publicaciones de la izquierda francesa. Sin embargo, como el mismo autor planteó, debió esperar al Mayo de 1968 donde solo con la superación de la tradición marxista se pudieron plantear estas alternativas. Sin ese cambio en la política de izquierda francesa posiblemente Foucault no hubiera continuado con su línea de investigación sobre las disciplinas y el poder (Galván 2009).

El trabajo de Michel Foucault y las investigaciones de Goffman sobre cárceles y manicomios fueron asimiladas y traducidas por los componentes del movimiento antipsiquiátrico. Así, *Internados* fue publicado en Italia por los Basaglia, en Francia por Robert Castel y en Inglaterra en una edición coordinada por Ronald Laing, prologada por David Cooper. Otros textos de Foucault como *El poder psiquiátrico, Los anormales* o *La casa de la locura* denunciaban la violencia institucional como elemento de control social; el discurso médico y psiquiátrico comenzó a ser desarrollado a partir de Mayo del 68.

Otra obra de gran influencia en este contexto fue *El anti-edipo. Capitalismo y esquizofrenia* de Guilles Deleuze y Félix Guattari. Una de las tesis que plantean es que el psicoanálisis vino a coronar la psiquiatría clásica, una psiquiatría que pretendía reconducir, reeducar a los individuos para que se ajustaran a un sistema social basado en la represión. Los autores señalaron que el gabinete del psicoanalista, lejos de ser un lugar de liberación efectiva, se convirtió en un aliado del sistema burgués (Galván 2009). En este sentido, pensadoras feministas como Luce Irigaray desarrollaron toda una crítica al psicoanálisis freudiano y lacaniano, insistiendo en que ambas teorías están fundadas en plantear un modelo masculinizado de falo, con lo que la mujer es definida de una forma especular. Irigaray se aparta del concepto de especularización propuesto por Lacan. Este lo delimitaba como proceso anterior al estadio del espejo, por el cual la actividad psíquica se presentaba como una imagen o representación de sí mismo. Por otro lado, en la teoría de la psicoanalista feminista, la *especularización* es la dificultad que encuentra el hombre para explicar lo que representa la mujer y su sexualidad, a partir de la cual solo existe una sola representación de lo sexual, la masculina, que tiene soporte en lo femenino (Irigaray 2009). La consulta del psicoanalista sirvió desde la primera mitad del siglo XX como un nuevo espacio abierto a la «confesión» de las mujeres, explorando sus límites conductuales, deseos, pensamientos y emociones desencadenadas generalmente por frustraciones, anhelos, resistencias y negaciones a seguir ocupando un lugar de subordinación en la sociedad patriarcal (Benjamin 1996).

La asimilación de estas críticas a la psiquiatría hegemónica en los años sesenta y setenta por parte de los psiquiatras españoles está aún por historizar en muchos lugares de nuestra geografía. Uno de los primeros psiquiatras vinculados a esta difusión de las ideas antipsiquiátricas fue Ramón García, que prologó las obras de la familia Basaglia sobre sus experiencias en el Hospital Psiquiátrico de Trieste. Tanto en *La institución negada* como en *¿Psiquiatría o ideología de la locura?* se aludía a un grupo internacional de psiquiatras que pretendían la reforma del sistema totalitario, por lo que Ramón García proponía la participación de psiquiatras españoles a través de una semiclandestina Coordinadora Psiquiátrica Nacional. Esta surgió por un conflicto laboral en el Hospital Psiquiátrico de Oviedo y a través de un grupo de trabajadores de la institución, denunciaron la exclusión social de los enfermos mentales, la privación de derechos fundamentales, el régimen custodial y jerárquico de los manicomios y los dudosos y polémicos diagnósticos clínicos (Galván 2009). La Coordinadora Psiquiátrica Nacional sirvió como organización desde la que otros centros psiquiátricos encontraron apoyo para sus protestas. Así, tanto el Hospital Mental de la Santa Cruz de Barcelona, como el Hospital de Conxo en Ourense, continuaron con las luchas antiinstitucionales. En el caso de Andalucía, estas reivindicaciones estuvieron marcadas por un profundo carácter heterogéneo en cuanto a que tanto personal clínico como no clínico, pacientes y trabajadoras/es en general de las instituciones fueron desplegando protestas en Huelva, Málaga y Sevilla tras la muerte del dictador (Calvo y Del Río Noriega 2011). En Málaga estas protestas reivindicaron la vuelta de los pacientes a la comunidad y denunciaron el trato inhumano dentro de las salas. Frente al vacío historiográfico en torno a esta cuestión en la provincia, con falta de estudios comprometidos e investigaciones desde la historiografía oral, existe una colección de fotografías tomadas por trabajadores y trabajadoras del Manicomio Provincial de Málaga en la década de los años ochenta donde se muestran las actividades reivindicativas y protestas que llevaron a cabo dentro de la institución.

Con la llegada de la tan ansiada democracia y la promulgación de la Ley General de Sanidad de 1985 el *Informe de la Comisión Ministerial para la Reforma Psiquiátrica* recomendaba integrar la asistencia psiquiátrica dentro de sistema sanitario general, proveer una atención integral en el entorno del paciente y atender a grupos diagnósticos específicos. En Andalucía estas protestas dieron lugar a un proceso de institucionalización largo y complejo cuyo primer fruto fue la creación del IASAM (Instituto Andaluz de Salud Mental) que, posteriormente, fue integrado en el Servicio Andaluz de Salud entre los años 1991 y 2000, donde se continuó con el proceso de creación de redes de salud mental comunitaria y dispositivos

Figura 3: Imágenes de encierro y protesta en el Manicomio Provincial de Málaga. Colección Miguel Ángel Rubio. Psiquifotos

de tercer nivel. Pero como todos los procesos, no estuvieron exentos de críticas y momentos de desencanto (Carmona y Del Río, 2011).

A pesar de las reformas, de los cambios en la atención psiquiátrica, en el modelo de salud mental comunitaria, los sesgos de género y la medicalización en las mujeres se siguen perpetuando. Lo que la pandemia de la Covid 19 ha puesto de manifiesto también es que las mujeres seguimos ocupando los primeros puestos en consumidoras de psicofármacos, como refiere Carme Valls en sus artículos periodísticos y que España es uno de los países donde más se prescriben benzodiacepinas a mujeres. En un estudio realizado por epidemiólogos de diferentes instituciones españolas publicado en 2020 se abordan diferentes variables según el sexo y la comunidad autónoma en relación a la salud mental en nuestro país. Los indicadores que utilizaron fueron el diagnóstico de trastorno mental, tranquilizantes recetados en las dos últimas semanas, antidepresivos recetados en las dos últimas semanas y el estado de salud autopercibida en los últimos 12 meses. Entre las conclusiones que obtuvieron destaca la mayor vulnerabilidad de las mujeres independientemente del periodo analizado y de la comunidad autónoma. Ellas presentaban mayor prevalencia de morbilidad psíquica que los hombres, peor salud autopercibida y mayor frecuencia de diagnóstico. En 2017 el consumo de tranquilizantes en las mujeres fue más del doble en casi todas las comunidades autónomas y casi se triplicó en Asturias, Aragón, Cantabria y La Rioja. En cuanto al consumo de antidepresivos las cifras casi se triplicaban en más de la mitad de las comunidades, lo que indica una sobreprescripción de psicofármacos en mujeres (Henares Montiel, Ruiz-Pérez y Sordo 2020, p. 118). Como refieren los autores, este dato contrasta con la usencia de objetivos específicos planteados para disminuir esta diferencia de género en los planes de salud mental.

Sin embargo, el ámbito de las resistencias sigue vigente desde diferentes puntos. Por un lado, los movimientos de pacientes o afectadas/os por la psiquiatría se organizan, muestran sus experiencias y se visibilizan, fundamentalmente en redes sociales (Orgullo Loco) y participación en reuniones científicas con un carácter más aperturista. Por otro lado, grupos de profesionales, como la Asociación Española de Neuropsiquiatría, se suman a las protestas de pacientes y usuarios de los dispositivos de salud mental para la abolición completa, por ejemplo, de las medidas de contención física durante los internamientos, o la desaparición de los ingresos involuntarios. Por último, autoras como Joanna Moncrieff y su desarrollo a la crítica de la perspectiva reduccionista en relación a la psicofarmacología y el papel de las farmacéuticas, o Bonnie Burstow desde la crítica feminista hacia la psiquiatría hegemónica siguen sometiendo a tensión los postulados de una práctica discursiva y asistencial psiquiátrica que trata de legitimarse en lo estrictamente biológico, evitando reconocer el papel fundamental de otros factores en los procesos de salud/enfermedad mental.

A modo de reflexión

Con este trabajo he pretendido señalar un cierto continuismo, si bien hay que señalar los cambios importantes en la asistencia a las personas con enfermedad mental que no pueden ser comparables con la asistencia manicomial de principio de siglo xx, es necesario reflexionar sobre el carácter de las políticas de salud mental actuales, que siguen estando dominadas mayoritariamente por criterios de control social permitiendo respuestas violentas en cuanto a prescripción masiva de fármacos y medidas coercitivas durante la hospitalización. Estas medidas terminan afectando sobre todo a mujeres, ya que suelen ser más frecuentemente usuarias de estos servicios de salud mental, más diagnosticadas y más medicadas. La crítica debe extenderse a la atención primaria donde se prescriben gran parte de estos psicofármacos ante un fracaso de la estructura asistencial. Han cambiado las formas, pero no la filosofía de trabajo. Este cambio no podrá suceder sin remodelaciones en la estructura social y sin tener en cuenta que el patriarcado también adquiere forma de pastilla en ocasiones.

Bibliografía

Benjamin, Jessica (1996): *Los lazos del amor: psicoanálisis, feminismo y el problema de la dominación.* Buenos Aires: Paidós.

Carmona Calvo, José y Del Río Noriega, Francisco (2011): «Análisis histórico de la reforma psiquiátrica andaluza: los inicios y el proyecto». *Estudos de psicologia* 16 (3): 329-39. https://doi.org/10.1590/S1413-294X2011000300017.

Caponi, Sandra (2009): «Para una genealogía de la anormalidad: la teoría de la degeneración de Morel». *Scientiae Studia* 7 (3): 425-45. https://doi.org/10.1590/s1678-31662009000300004.

—2010: «Emil kraepelin y el problema de la degeneración». *Historia, Ciencias, Saude-Manguinhos* 17 (SUPPL. 2): 475-94.

—2023: *Política, psicofármacos y vida cotidiana.* Barcelona: Xoroi.

Carrillo, Juan L. (2007): «Medicina vs. mujer o la construcción social de una enfermedad imaginaria: el discurso médico sobre la clorosis». *Historia Contemporánea* 34: 259-81.

Carrillo, Juan Luis; Bernal, Encarnación y Carrillo-Linares, Juan Luis (2010): *Medicina vs. mujeres. La literatura médica sobre la clorosis (s. XVII-XX) ¿Ciencia o propaganda?* Málaga: Atenea. Estudios sobre la mujer.

Castilla del Pino, Carlos (2011): «La psiquiatría española (1939-1975)». En Castilla del Pino, Carlos (ed). *Obras completas.* Córdoba: Fundación Castilla del Pino y Universidad de Córdoba, pp. 201-215.

Chesler, Phillys (1985): *Women and Madness.* Nueva York: Doubleday.

Fox Keller, Evelyn (1982): «Feminism and science». *Signs: journal of women in Culture and Society* 7 (3): 589-602.

Galván, Valentín (2009): «La recepción extraacadémica de Michel Foucault en la cultura de la transición española: la antipsiquiatría y la historia de la locura en los psiquiatras progresistas». *Revista Asociación Española de Neuropsiquiatría* XXIX: 485-500.

García Díaz, Celia y Jiménez Lucena, Isabel (2010): «Género, regulación social y subjetividades. Asimilaciones, complicidades y resistencias en torno a la loca (el Manicomio Provincial de Málaga, 1920-1950)». *Revista Frenia* X: 123-44.

García Díaz, Celia (2018): «El Manicomio Provincial de Málaga en el primer tercio del siglo xx: la utopía que (no) pudo ser». *Asclepio* 70 (2): 238. https://doi.org/10.3989/asclepio.2018.22.

—2020: «Mujeres en el manicomio: espacios generizados y perfil sociodemográfico de la población psiquiátrica femenina en el Manicomio Provincial de Málaga (1909-1950)». *Investigaciones Históricas. Época Moderna y Contemporánea* 40 (40): 523-52. https://doi.org/10.24197/ihemc.40.2020.523-552.

—2023a: «Entre mujeres-locas y hombres-psiquiatras: asimetrías emocionales en la sala 20 del Manicomio Provincial de Málaga (1909-1950)». *Asclepio* 75 (1): e06. https://doi.org/10.3989/asclepio.2023.06.

—2023b: «Género, identidad y locura. Escritos de «mujeres locas» y sus familiares en el Manicomio Provincial de Málaga (1909-1950)». En *Mujer e identidad en tierras hispanohablantes,* editado por Marie-Élisa Franceschini-Toussant, Sylvie Hanicot-Bourdier, y Margarita Torremocha-Hernández, 265-79. Nancy: Edul.

—2023c: *Un lugar para la locura de las mujeres. Historia(s) de la sala 20 del Manicomio Provincial de Málaga (1909-1950).* Málaga: Centro de Ediciones de la Diputación de Málaga.

García Díaz, Celia y Jiménez-Lucena, Isabel (2023): «Clasificando mujeres: diagnósticos psiquiátricos y subjetividad femenina en el Manicomio Provincial de Málaga, España, 1909-1950». *História, Ciências, Saúde-Manguinhos* 30: e2023003.

García Guirao, Pedro (2012): «Pobres pero honradas: lujuria burguesa y honorabilidad proletaria en las novelas breves de Federica Montseny». *International Journal of Iberian Studies* 24 (3): 155-77. https://doi.org/10.1386/ijis.24.3.155_1.

Harding, Sandra (1997): *Ciencia y feminismo.* Madrid: Morata.

Henares Montiel, Jesús; Ruiz-Pérez, Isabel y Sordo, Luis (2020): «Mental health in Spain and differences by sex, and by autonomous communities». *Gaceta Sanitaria* 34 (2): 114-19. https://doi.org/10.1016/j.gaceta.2019.03.002.

Huertas, Rafael, y Villasante, Olga (2019): «Resistencias, negociaciones y censura en la correspondencia de los pacientes de Santa Isabel de Leganés». En *Los contornos del control*, editado por P. Fraile, Q. Bonastra, y J. Solís. Barcelona: Icaria.

Irigaray, Luce (2009): *Ese sexo que no es uno*. Madrid: Akal.

J. Perona, Ángeles (1994): «La construcción del concepto de ciudadanía en la modernidad». *Revista Arenal* 2: 25-40.

Jiménez Lucena, Isabel; Ruiz Somavilla, M.ª José (1999): «La política de género y la psiquiatría española de principios del siglo xx». En *Interacciones ciencia género. Discursos y prácticas científicas de mujeres*, editado por M.ª Dolores Barral, M.ª José; Magallón, Carmen; Miqueo, Consuelo; Sánchez, 185-206. Barcelona: Icaria.

Micale, Mark S. (1989): «Hysteria and its historiography: a review of past and present writings (I)». *History of Science* 27 (3): 223-61.

Mignolo, Walter (2003): *Historias locales/diseños globales. Colonialidad, conocimiento subalterno y pensamiento fronterizo*. Madrid: Akal.

Millett, Kate (2019): *Viaje al manicomio*. Barcelona: Seix Barral.

Moebius, Paul Julius (s. f.): *La inferioridad mental de la mujer*. Editado por Sempere y Compañía. Valencia.

Novoa Santos, Roberto (1908): *la indigencia espiritual del sexo femenino (las pruebas anatómicas, fisiológicas y psicológicas de la pobreza mental de la mujer. Su explicación biológica)*. Editado por Sempere. Valencia.

Passione, Roberta (2004): «Italian psychiatry in an international context: Ugo Cerletti and the case of electroshock». *History of Psychiatry* 15 (1): 83-104. https://doi.org/10.1177/0957154X04039347.

Porter, Roy (2016): «The Patient's View : Doing Medical History from below». *Theory and society* 14 (2): 175-98.

Reynolds, Edward H. (2018). «Hysteria in ancient civilisations: A neurological review: Possible significance for the modern disorder». *Journal of the Neurological Sciences* 388 (February): 208-13.

Rose, Nikolas (2019): *La invención del sí mismo*. Pólvora.

Rowold, Khatarina (2010): *The educated women: minds, bodies and women's higher education in Britain, Germany and Spain (1865-1914)*. Londres: Routledge.

Scott, Joan W. (2009): *Género e Historia*. Fondo de cultura económica.

Sontag Susan (1978): *La enfermedad y sus metáforas*. Madrid: Destino.

Villasante, Olga; Candela Ramírez, Ruth; Conseglieri, Ana y Vázquez de la Torre, Paloma (2018): *Cartas desde el manicomio. Experiencias de internamiento en la Casa de Santa Isabel de Leganés*. Madrid: La Catarata.

Villasante, Olga; Vázquez de la Torre, Paloma; Conseglieri, Ana; Huertas, Rafael (2016): «Letras retenidas. Experiencias de internamiento en las cartas de los pacientes del Manicomio de Santa Isabel de Leganés, Madrid (1900-1950)». *Culturas psi*, n.º 6: 118-37.

Sanación y apoyo mutuo al margen del sistema de salud

Jornadas para un otoño violeta
ÓPTICA FEMINISTA PARA
LA SALUD MENTAL DE LAS MUJERES
AFA
Asociación Feminista de Asturias
4ª JORNADA
mesa
30 de noviembre jueves 18:30h
Escuela de Comercio, 2ª planta
Ateneo Obrero de Gijón
(C/Francisco Tomás y Valiente, 1-Xixón)
"Sanación y apoyo mutuo al margen del sistema de salud"
Psindicato Toc-hadas. Cata del Riego: "Mi centro de salud"
Hierbabuena, Asociación para la salud mental. Alba Suárez Secades: "Salud mental en primera persona desde una mirada feminista"
Colectivo Abrazos verdes. Alba López: "Diferencias de género en el suicidio y duelo"
Presentación: Marian Uría Uzarra. Socióloga de la Salud, integrante de AFA y miembro de la red CAPS de Mujeres Profesionales de la Salud.
CLAUSURA de las jornadas: Asociación Feminista de Asturias-AFA
Principado de Asturias

MI CENTRO DE SALUD

por Catalina del Riego Ferreiro

El 6 de junio me contactó la Asociación Feminista de Asturias para hablar en una mesa redonda sobre feminismo y salud mental. Desde entonces hasta hoy pasaron muchas cosas, hubo cambios en el planteamiento del texto pero también vitales y quería empezar este escrito no obviando cuestiones que tienen que ver con el tema de las jornadas.

Enseguida confirmé mi asistencia y me puse manos a la obra. Fue estimulante tomar cafés y cañas con otras Toc-Hadas para ir viendo cómo enfocábamos la cosa. Hablamos mucho, trabajamos un montón y aprendimos compartiendo, a medida que íbamos preparando la mesa redonda, para hablar de «Mi centro de salud» en 20 minutos, escribir este máximo de 6.000 palabras que estáis leyendo ahora y seleccionando cuatro imágenes que ya iréis viendo en esta publicación. Agradecemos enormemente esta oportunidad que nos brinda AFA.

Me gustaría aclarar que no me gano la vida con esto ni aspiro a ello. De hecho aspiro a seguir no queriendo ganarme la vida haciendo esto. Eso sí, tengo un compromiso con mi coartada existencial que es Toc-Hadas, o cuidarme (que es parecido). Me exijo mucho, demasiado, doy lo que puedo y más, aunque como suele ocurrir en según qué trabajos, como los domésticos, son invisibles unas veces y otras invisibilizados.

Nuestra mesa redonda el 30 de noviembre fue muy interesante; tanto el debate como lo expresado por las otras dos participantes en la mesa. De las otras ponencias de las jornadas fui a dos y lo que más me apetece resaltar es que me hubiera gustado asistir a la primera del 5 de octubre pero elegí no ir; me quedé con una amiga cuya red no está en esta región y no estaba bien.

Mi amiga, compañera Toc-Hada –del otro párrafo– pasó esta navidad sola en casa. Varias amigas del colectivo también. Yo estoy agotada emocionalmente, miré para lo mío y me cuidé como pude. Digo esto, porque siento que la imposición de determinadas dinámicas sociales tan habituales que se dan por hecho (como fiestas de mes y pico y plazos), para según qué sensibilidades, resultan violencia. Es cierto que, a una ponencia, puedes elegir ir o no ir. También podría pedir prórroga por compasión para escribir esto… pero elegí no hacerlo porque necesito pasar página, cerrar ciclo, priorizarme y expresar esta idea antinavideña.

Lo que leeréis a partir de aquí será un *collage* de diferentes textos que fui o fuimos construyendo durante estos meses. Agradezco, a mis amigas Toc-Hadas (han preferido el anonimato) que se implican y dan sentido a todo esto.

Quiénes somos

Nuestro colectivo, Toc-hadas, está conformado por personas altamente sensibles, que no es ningún diagnóstico, sino un rasgo de personalidad. En la mayoría de ocasiones con diplomas de locas, es decir, diagnosticadas por la psiquiatría. Hablamos desde la propia experiencia, que es lo que se conoce como movimiento en primera persona.

Seguramente no nos conoceréis porque no tenemos eso que ahora llaman «redes sociales» ya que nos vienen mal para el tema mental; harían que nos sintiéramos observadas por este mundo vertical y «pantallarcal». Por eso, buscamos otros métodos de difusión más coherentes con el fin que nos ocupa: nos gustaría ser una red social de las de siempre, una red social a nivel comunitario.

Decimos que estamos tocadas, pero no hundidas.

Si pensabais que íbamos a hablar de nuestras enfermedades mentales os equivocáis. Nosotras, hablamos de realidades empíricas y las enfermedades mentales no lo son. Y no es que lo digamos nosotras, también lo dicen personas con autoridad reconocida.

Bonnie Burstow dice que «la salud mental es un mito» y Thomas Szasz que «el concepto de enfermedad mental hoy está desprovisto de valor científico».

Según la OMS existen unos 400 tipos de trastornos mentales, es decir, que si no tienes uno, tienes otro... o varios a la vez. Hablar de enfermedades mentales está muy visto, es aburrido y forma parte del *mainstream*.

Nosotras tenemos espíritu «en-prendedor», fabricamos tocados y nos los ponemos en la cabeza para, además de estar elegantes, poner de manifiesto aquello que nos toca, que nos vuelve locas, y nos parte el corazón.

La imagen que sigue pertenece a uno de los proyectos que tenemos actualmente en curso llamado «Unas joyas que se te va la olla» en el que les damos una vida útil a los preciosos envoltorios de psicofármacos que, la mayoría de nosotras, estamos intentando reducir-dejar. El tocado que llevo en esta foto se llama «MindFucker».

Aunque la psiquiatría no sea una ciencia objetiva, estéticamente nos gustan las batas blancas y, a veces, las usamos. Además, estamos haciendo bastantes averiguaciones, comprobaciones muy llamativas; En Toc-Hadas casi todas estamos intentando quitarnos de drogas psiquiátricas, casi todas entramos a psiquiatría con estrés postraumático y ahora soportamos lo que llamamos «trauma posp-

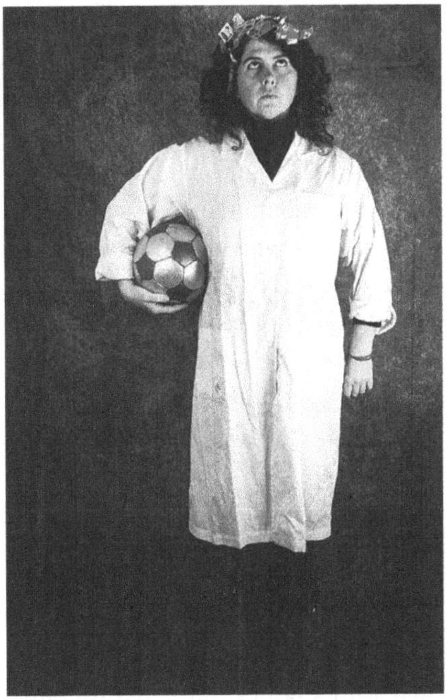

Fotografías: Jenifer Izquierdo. Estudio Mirar-te

siquiátrico» y, lo más llamativo, casi todas tenemos hemorroides (este último tema será ampliado a lo largo del escrito). Todas estas son realidades palpables, constatables, mesurables.

No nos gusta sufrir estas cuestiones en silencio y soledad, no somos buenas «enfermo-mentalizándonos», nos gusta analizar, expresar, hablar de los orígenes de los problemas, de lo que nos hacen sentir, compartir es vivir. Todo lo que fluye y ebulle por nuestros cuerpos es objeto de observación. Nos apoyamos entre nosotras. Nos han llegado a tachar de «escatológicas desafiantes» por el tipo de temas que tocamos y no nos pareció muy bien, la verdad, hubiéramos preferido que se refirieran a nosotras como «per-so-nas... con... es-ka-to-lo-gí-a»... que queda mucho más profesional... dónde va a parar.

Nos sobran razones para hacer lo que hacemos pero, en lugar de guiarnos por las razones lógicas, solemos priorizar las sensoriales. Nos refugiamos en el arte como forma de expresión y, también, de transformación del estado actual de las cosas. La expresión artística puede ser bastante evasiva y sentimos que la experimentación con formas e ideas diferentes nos da la oportunidad de encontrar «líneas de fuga» y otras perspectivas para poder pensar o actuar fuera de los marcos mentales, económicos y sociales, en los cuales la vida nos ha encorsetado, para así poder transgredirlos. Eso nos ayuda a cuidarnos y no tener que estar siempre recurriendo a la bebida y/o a las drogas.

Transitando por la vida impulsadas por inquietudes humanas, así, sin demasiados objetivos, pueden pasarte un montón de cosas. Las personas con dos dedos de frente atan mejor el porqué de sus actos, pero nosotras no. Nos empapamos de mil historias (muchas injusticias) tanto sufridas en propias carnes como cosas que ves. Si conoces gente extranjera, por poner un ejemplo, o vienen de países ricos y están encantadas aquí, o es probable que estén fregando suelos y ocupando puestos de trabajo que nadie más quiere. Esto no le sorprende a nadie, no merece un renglón, ¿verdad?

Echa currículum, oposita, cásate, haber estudiado, lábrate un futuro, ¿ya tienes un puestín? Medra, sube más, a nadie le duele un codazo o que se anestesie... viste bien y buenas formas, la imagen es súper importante, ten ocio moderno, coche elegante, paga por tu mascota, come sano, viste caro (o que parezca), hazte visible, vende tu marca, usa redes sociales, que son gratis...

Mucha presión... pero, ¿para qué? Al final acabas por cansarte, das un puñetazo en la mesa y todo en tu vida cambia (pero no de la forma pretendida).

En España, la publicidad de las drogas psiquiátricas no sale por la tele como, por ejemplo, la de la pomada de las hemorroides, pero tiene sus métodos para ir colándose en nuestras vidas. A nosotras, que hemos probado tanto la pomada como gran cantidad de diferentes drogas de estas, no nos acaban de convencer, ni lo uno ni lo otro. Nos llama la atención que no se nos advirtiera de las pegas de estos productos más que en esos prospectos catastróficos tan largos que, los propios médicos, te aconsejan no leer.

Hay todo un sistema que blanquea las drogas psiquiátricas y hace que no sepamos –o se nos olvide– que no son inocuas ya que generan tolerancia, adicciones y goteras por otras partes de las que las consumimos. Apetece recordar también, que no son gratis, las paga el sistema de salud pública y se están recetando como caramelos; para dormir, para el dolor, para la alegría, la tranquilidad...

Intentando explicar esto hemos dibujado unas viñetas cómicas representando, cómo un médico psiquiatra, el Doctor Gas (Dr. Gas), pretende a toda costa curar a «unas personajas» con problemas de vida, problemas de explotación laboral, por ejemplo, con sus métodos coercitivos e infantilizadores.

El DroGas es un canal que nos permite expresar el quiero y no puedo de la psiquiatría.

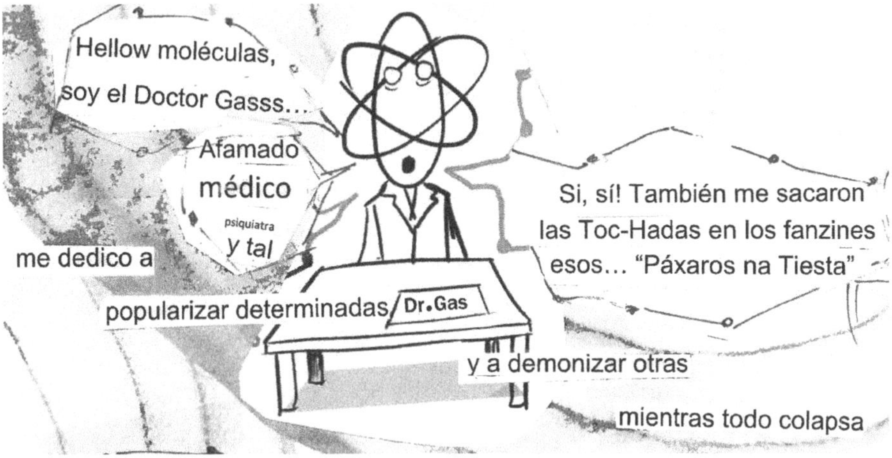

Una doctora real en las que está inspirado el Dr. Gas, una psiquiatra en consulta con una Toc-Hada de nosotras, no dudo que con toda su buena fe, le recomendó no hablar de «lo tuyo» (lo suyo), «no le importa a nadie... entiéndeme, es como si vas hablando por ahí de que tienes hemorroides, hay cosas que es mejor llevar discretamente».

Decía una compañera a la que se le dijo tal cosa:

> «Lo mío», mi caso, para mí, es mi vida, convivo con ella todo el día, no media hora cada trimestre en horario de ocho a tres. Poneros en situación: No tienes lo que llaman «conciencia de enfermedad». Eso sí, acabas por aceptar un tratamiento que te imponen, una droga que limita tus capacidades en muchos sentidos. Tu realidad se te hace pesada y dolorosa. Te sientes sola y desearías encontrar a alguien que te comprendiera, alguien con quien hablar. La gente de confianza apoya a pies juntillas lo que se supone que tienes (lo que por otra parte irremediablemente te resta credibilidad). Necesitas a alguien y tiene que estar fuera de tu entorno habitual que ya te colgó el San Benito. Pero en la consulta lo que te aconsejan es que no vayas contando «lo tuyo»... el principio, la raíz de tu problema, la causa de que vayas por la vida «colocada».
>
> Esto (que puede parecer una tontería) me influyó mucho, me calló durante años, durante varios años yo no hablaba, no podía hablar, ni de tonterías superficiales ni tampoco de cosas profundas».

El análisis que hicimos de esto las Toc-Hadas fue:

Eso de promover el «no mostrarse» es muy común y se ceba en particular con nosotras. La psiquiatría contribuye al secretismo social que tenemos que criticar.

Aquello que le cuentas a el/la psiquiatra es *top secret*. La psiquiatra no se lo puede decir a nadie. Muchas veces te sientes aliviada de poder contarle al «confesor» –que no va a juzgarte– tus mayores miserias. Pero todo en esta vida tiene su cara y su cruz.

El pacto de silencio en consulta individualiza el problema, le desprovee de solución política, los contenidos de lo que vamos contándoles a los psiquiatras están basados en injusticias sociales, nuestro trauma es una queja de lo social. Casi preferiríamos menos secretismo pero que se «hiciera algo» con esa información. Se nos va la fuerza por la boca en consulta. Tanto razonar, no alterarnos y ser pacientes, hace que la posibilidad de una revolución –necesaria– se anule.

Hablando entre nosotras, nos damos cuenta de que aunque cada persona es un mundo, nuestras historias son bastante similares: antes del diagnóstico muchas sufrimos los mismos tipos de abusos, maltratos o precariedades. Eso es, en ocasiones, lo que hace rebasar «los límites de la cordura», el no poder más.

A las Toc-Hadas nos gusta también expresar de otras formas:

Tema tabú, comportamiento tabú, tabútame con tu silencio, eso no es propio de ti, t'abuso aprovechando que estás borracha, que estás sola, que estás borracha y sola, o por puta, por puta tributa, ponte triste, rabia tabú, en el colegio de la asunción, tienes que asumir que esos comportamientos están fuera de lugar, acata, es la solución, la palabra tabú es un tabú en esta casa, en casa la oficina es un tabú, la calle es mi oficina, no tengo calle, cállate, calla la boca, calladina estás más guapa. Si te cansas te vas, ta bús en el bus, adiós, ahí vas, eres cobarde, fea, vas sin depilar, hueles mal. Vuelve, vete, te echo de mmm-oney-enos, silencio.

El tabú que nos marcan y que normalmente llegamos a acatar es vital para mantener el *status quo*. Romper con ese pacto de silencio, con esa «omertá» mafiosa a la que el patriarcado nos fuerza, podría revolucionar el mundo en alguna medida y romper con su frase más propagandista, esa que nos dice que nos resignemos porque «las cosas son como son».

A continuación dos testimonios de Toc-Hadas que no son contradictorios sino complementarios:

> Me acerco a curarme, a sentirme bien, cuando lucho por acercarme a expresar lo que otras personas no quieren oír, lo que ni yo a veces me permito pensar, esas cosas que pretenden que le diga al terapeuta, en consulta, que con eso me conforme y haga lo que se espera de mí. Sentimos que no se nos permite la rabia, aunque nos sobren los motivos para sentirla, se nos empuja a la tristeza. Intento no caer ahí.

> Suelo hablar de frente lo que no significa que pueda decirlo todo. Eso sí, intento ser honesta conmigo misma. A lo mejor hay personas coherentes totalmente, que no tengan secretos o que no protejan a otras personas con su silencio. Yo no soy esa. Puedo hablar de temas que llevan a otras personas a santiguarse. Eso me hace bastante

gracia en ocasiones, me gusta. Pero reconozco que yo también soy vulnerable, hay cosas que me hieren o de las que intento escapar.

Hemos estado investigando qué nos recomiendan pensadoras como Rita Segato o Casilda Rodrigáñez para resolver esta paradoja: su sugerencia es una existencia anfibia, es decir, estar dentro y fuera del Estado –y del estado de las cosas–. Permanecer al mismo tiempo, dentro de ese marco general de «las cosas son como son», y dentro de ese otro marco de «las cosas pueden ser de otra manera».

Mi centro de salud

Sabiendo todo lo expuesto anteriormente me esfuerzo y busco mi centro de salud. La verdad es que, solo buscándolo, siento que me voy aproximando. De momento, solo puedo asegurar dónde no está. Entonces intento estar alerta y desconfiar de eso que se da por sentado pero que, en base a mi experiencia, no me hace sentir bien.

Mi centro de salud NO está en un edificio de hormigón que, para empezar, se autodenomina «Centro de Salud». Adoptar este nombre, me parece pretencioso para unos centros que no están haciendo una autocrítica permanente, que lejos de basarse en la prevención se basan, a mi juicio, en cronificarte con el pastillero.

Valoro la Sanidad Pública, que no se me malinterprete, pero una cosa es que haya que favorecer políticas destinadas a que sea pública, gratuita y, por supuesto, de calidad y otra muy diferente es que asumamos que el nombre que se pone a las cosas (que va acorde a menudo con el pensamiento) es el adecuado. ¿Cómo va a estar mi centro de salud fuera de mi cuerpo? ¡Qué desequilibrio! ¿Alguien pretende que deleguemos el cuidado de nuestros cuerpos y se-pa-ra-do de nuestras mentes en un sistema que hace aguas en muchos sentidos? ¿Que hay de fomentar la autonomía y el respeto?

Dijo el premio Nobel de medicina del año 1993, Richard J. Robert: «El fármaco que cura del todo no es rentable». Son de sobra conocidos los intereses de las farmacéuticas. Ahora mismo me duele la espalda y no me voy a detener en este tema más.

Viví muy ligada a un centro de salud mental cerca de 17 años y me gustaría destacar que sí conocí a profesionales implicadas, inteligentes, preparadas y capaces de escuchar. Pero las dinámicas de la institución, las inercias, todo aquello que se da por supuesto, en mi opinión, deja bastante que desear. Supongo que porque aún estamos queriendo superar la época manicomial. Alguna vez se me pasó un cuestionario de satisfacción, pero nunca se me hizo sentir que mi opinión valiera realmente, más que para rellenar algún papel burocrático «se preguntó a usuarias blablá...».

Hace años estuve ingresada en la UHP de Jove con muchos problemas vitales y, lo que más me perturbaba era la televisión que tenías que escuchar a la fuerza en la sala de visitas. También, me molestó hasta tal punto la disposición del mobiliario, que estaba «tirado allá» que pensé que mis problemas vitales, difíciles de solucionar, podían esperar y escribí una queja explicando estas dos cosas. Me contestó un señor muy amable, me dieron el alta, no creo que hiciesen nada.

Años más tarde estaba participando en Hierbabuena. Asociación para la salud mental que trabaja incansablemente por la participación y los derechos de nuestro colectivo. Cuando nos enteramos que iba a hacerse la reforma de la UHP de Jove, enviamos un escrito ofreciendo nuestra colaboración para hacer mejoras, también mandamos algunas propuestas, nos esforzamos pero nos contestó otro señor, muy amable, diciendo que iban a ocuparse «los expertos».

Es muy frustrante hacer escritos, prestarse a colaborar con instituciones, hacer propuestas basadas en la experiencia con la mejor de las intenciones y que no valga para nada. Para la Administración no es una prioridad escuchar a las usuarias del sistema, llegué a sentir que nos veían como «el enemigo» y querían tenernos cerca para saber de qué íbamos. Eso no lo sé, lucho por no tener ese tipo de pensamiento pero lo que está claro es que, o no les interesa lo más mínimo, o consideran que no tenemos nada válido que proponer. En Toc-Hadas no tenemos pensado malgastar más esfuerzos en cosas así.

Sin embargo, no por eso vamos a dejar de quejarnos. Aprovecho esta ocasión para plantear algunas cuestiones.

El concepto de «salud mental» me parece delirante. Separar cuerpo y mente es una forma de no querer creerse o comprender lo que dicen determinadas personas. No nos parece justo que se siga separando salud física y salud mental. Por supuestos problemas mentales, se me hostigó para aceptar medicamentos que me provocaron problemas físicos nada raros, muy comunes, algunos graves, que parecieron aceptados por médicos como «daños colaterales» y nunca intentaron atajarse.

Un ejemplo:

Mi hemorroide (que está en mi cuerpo) va junto con mi supuesta esquizofrenia (que estaría en mi mente) a todas partes. Ya puestas, explico todo: la hemorroide es consecuencia directa del estreñimiento provocado por tanta pastilla que me tuve que tomar. Ese es sólo un ejemplo ínfimo, un daño pequeño. Pero la medicación consumida, como se está consumiendo en este país, nos está debilitando como sociedad a pasos agigantados, nos entierra en vida estropeando cuerpos

prematuramente, impidiéndonos expresarnos y cronificando las enfermedades, tanto nuestras, como de la sociedad.

Otro tipo de queja lo reflejo en esta viñeta cómica en la que el Doctor Gas persigue a nuestras personajas en moto de agua ofreciéndoles ropa, comida y pastillas rojas, verdes y amarillas.

Mi centro intenta ganar independencia. Lucha por quitar trascendencia en cuanto a salud a las banderas que nos vienen impuestas, que representan tantas injusticias en cuanto a derechos a nivel global y asumo, muchas veces, con vergüenza.

A continuación explico algo que, gracias a una menor dependencia de psicofármacos que estoy disfrutando (y me encantaría poder alargar), estoy pudiendo experimentar.

Hace unos meses empecé a bañarme en la playa. Siempre me gustó bañarme en los ríos y en el mar. De niña no me importaba la temperatura del agua. Cuando empecé con psicofármacos, «perdí arrojo» y no me refiero al propio de la edad ya que vino de golpe, a causa de la medicación y con gran sufrimiento por mi parte.

Bajo a la playa preparando este proyecto. Ordeno mis pensamientos y me pregunto ¿dónde estará mi centro de salud? Llego, me desvisto, bajo a la arena, saludo a las compañeras de baño, la clave está en la prevención. De qué sirve tanto avance si no se previene. Me adentro en el agua, las olas me salpican al chocar… ya estoy, ya casi estoy, ya no hay vuelta atrás … me sumerjo.

Entonces se me ocurre la idea central que quisiera expresar ...pero, como un sueño del que te acuerdas a duras penas, de repente, se me va, se me olvida. El pensamiento se disuelve en el mar y ya nunca encontraré eso que había pensado, tan importante, que allí en medio no podía apuntar en el móvil ni nada.

Disculpen el inciso, intentaré volver a cosas ...centrales de salud.

Una muy importante es la de la vivienda:

De la que regreso del baño, las pocas veces que me apetece, me ducho; tengo casa, con ducha y con agua caliente. Procedo sin tener que dar explicaciones a nadie. Eso es un lujo y una gozada. Es algo básico pero, no siempre lo tuve y muchas compañeras no pueden decir lo mismo. Hay personas que no pueden pagar una casa ya que apenas hay alquileres normales para personas «de andar por casa». Así que, hay gente que convive con su maltratador, ponte, con la familia que siempre le marginó, o con gente que ni conoce. Sin embargo, el Estado gasta una barbaridad en medicamentos para esas personas como si fuese lo fundamental que necesitan.

Hemos criticado este tipo de incongruencias en un proyecto llamado «Contigo, Lorazepán y Cebolla» concebido durante una residencia artística en Laboral centro de Arte y que llevamos a varios espacios como Cambalache o L'Apiaderu (Nava). Estábamos de gira hasta el parón navideño. No sabemos si podremos retomar. A ver si nos van dejando.

El objetivo del proyecto-performance es criticar la sobre medicalización a la que nos vemos abocadas algunas y, por otro, rescatar el diálogo interno, la producción mental, las argumentaciones que hacemos para nuestros adentros, mientras llevamos a cabo labores cotidianas: esas para las que hemos sido educadas para acatar sin rechistar. En el QR de la imagen de la página siguiente podéis escuchar «Nananás de la cebolla» (Canción con letra compuesta e interpretada por Toc-Hadas).

Creo que viene a cuento, os voy a contar un cuento:

Tuve un amigo que decía que se sentía como un pájaro enjaulado. Sentía que su familia le había encorsetado en un rol y no le dejaban vivir con autonomía. Algunas personas nos implicamos en intentar ayudarle pero, fue muy complicado, ya que el hecho de estar psiquiatrizado, te resta credibilidad ante las instituciones. Nunca pudo independizarse hasta el día triste en que voló.

Una *amiguina* mía, muy joven, psiquiatrizada desde niña, contaba cosas de su vida y del mundo que conocía con una lengua afilada y veraz. Me tenía fascinada. Buscó ayuda incansablemente para que las injusticias vividas dejaran, encima, de pasarle factura pero no hubo recurso alguno en el que encajara. Empezó a desconfiar, no se fiaba, no podía ya fiarse, ni de las instituciones, ni de las personas, ni de

ningún tipo de droga legal (las ilegales no las quería probar). Vivió en la calle un tiempo hasta que no vio más salida que suicidarse sola.

Otra persona luminosa y admirada por mí que acabó siendo muy amiga tenía una enfermedad degenerativa. Demostró durante años, en silla de ruedas, la fuerza que tenía y sus ganas de vivir. En cuanto no pudo valerse por sí sola en casa, no lo pudo encajar bien y se le recetaron psicofármacos que, lejos de aliviar su problema cotidiano, lo acrecentaban dificultando su capacidad de expresión. Es cierto que se le ofreció un recurso; irse a vivir a una residencia de ancianos con cuarenta y tantos años. Hablaba del suicidio, de que querría «al menos tener los derechos de un perro», pero no supimos ayudarla a tiempo y lo hizo sola.

Parecen tres cuentos pero yo creo que es el mismo.

Más de 800.000 personas se suicidan cada año en el mundo.

«Para que la gente no se suicide tiene que vivir en un medio menos hostil». Lo dice la psiquiatra Marta Carmona y también lo decimos las Toc-Hadas, que somos unas mindundis pero hay cosas que son obvias. Como sociedad, sabemos que esto es así, cada cual hace lo que puede si lo hace. No tenemos un plan, estamos tan metidos en la rueda, que hay problemas que ni siquiera nos planteamos abordar. Cuando nos toca cerca solemos sentir la culpa a nivel individual: «tendría que haber…».

El tema del suicidio, tan común, es la punta de iceberg. La gente se encuentra sola y desamparada y no siente que tenga a quien recurrir. Mucha gente, que no se suicidará, fantasea con morirse y matarse. Debería analizarse esto. Reivindicamos un análisis capaz de sacar a la luz lo que estamos haciendo mal. Pero, aunque hay voluntad política para que se siga celebrando la Navidad (no desde el recogimiento (como un Dios bueno mandaría si mandase) sino desde la horterada «con pocas luces» que nos imponen nuestras ciudades) no la hay para abordar que hay gente que… «no va muy bien».

Conclusiones

La salud mental –la oficial– consiste para nosotras en dotar a determinadas instituciones patriarcales, de unos presupuestos –económicos y teóricos– destinados a perpetuar los protocolos reinantes.

La otra salud mental –la personal– para mí consiste en cambiar el orden social imperante, puesto que si no es sano estar bien adaptada a una sociedad enferma –que dijo no sé quién–… lógico será cambiar esa sociedad… y no a la supuesta enferma, supongo… aunque claro… con estas «etiquetas» que me ha colocado esa misma sociedad… bien pudiera estar yo equivocada, no sé… yo no quiero obligar a nadie a ver el mundo como yo lo veo… aunque ahora que lo pienso… tal vez sea esa mi «enfermedad»… que no quiera obligar a nadie… que no quiera entrar en luchas de poder… y que simplemente os invite a mirar a vuestro alrededor… y a juzgar por vosotras mismas.

Llevo escritas hasta «esta» un total de 4.296 palabras:

Con las 1.704 palabras restantes (hasta las 6.000) pensábamos hacer una gamberrada; íbamos a pedirle a una inteligencia artificial que nos creara un texto sobre «Óptica feminista para la salud mental de las mujeres, sanación y apoyo mutuo al margen del sistema de salud, mi centro de salud».

Nos apetecía comparar las diferencias entre lo que proponemos/criticamos Toc-Hadas y hacia donde apunta, seguramente, el futuro. Tenemos la teoría de que el «buenrollismo artificial» implica, seguramente, «muy mal rollo tácito» y las conclusiones y moralejas habituales de la máquina nos parecen sospechosamente buenrollistas.

Finalmente, decidimos mirar para nuestro futuro, para nuestro proyecto, quizás estas líneas nos permitan «crecer como marca» y así podamos «aumentar nuestro flujo de capital». Esto creo que va a sonar... ¿peor? Nuestras ventas de fanzines no van nada bien. Nos financiamos únicamente vendiendo fanzines. Seguiremos luchando por no hacernos de una «red anti-social de esas» ni tener que comprarnos un gorro rojo con pompón.

Vamos al grano: si te apetece colaborar con nosotras y descubrir más a cerca de nuestro trabajo puedes hacerlo comprando la trilogía *Páxaros na Tiesta: Historietas por la autonomía y contra los abusos de la psiquiatría* por 12 euros. Contribuirás a que grandes proyectos[1] puedan hacerse realidad.

Spoiler: Al final del tercer fanzinator nuestras protagonistas, que sienten que tienen que defenderse, crean un Psindicato para hacerse fuertes psicológicamente como forma de autodefensa feminista al margen del sistema. Fin del spoiler.

Ahora sobran las (1.414) palabras.

Post escriptum

Tan solo dos días después de enviar a la AFA el escrito que acabáis de leer, tuve que empezar a tomar medicación. Esto implica que tendré que ocultarme; ocultarme de mí y del mundo un tiempo. El efecto de la medicación en mí bloquea muchas capacidades y sentires. No es plato de gusto tomarla pero, ahora mismo, no veo otra alternativa. Intentaré alargar los baños lo que pueda.

La Navidad me ha tumbado. Tuve la sensación de estar sobrecargada de estímulos: para bien y para mal. No fue fácil, no fue agradable, la retirada de neurolépticos conlleva ver el mundo más «en bruto», el centro de la ciudad se vuelve más agresivo mientras que si te vas a la playa y observas, te emociona percibir más belleza que nunca.

Durante este mes y pico sentí que personas de las que no dudo estaban utilizando un código encriptado, queriendo decirme «algo», no lo hacían directamente sino que recurrían a símbolos que me empujaban a sentirme «esquizofrénica perdida» mientras que yo siempre «defendí mi inocencia». Me resultó agotador luchar por defender mi cordura sobre todo ante mí misma.

Por fin, esta mañana, me di cuenta de lo que intentó decirme el mundo entero. Ya no me siento «esquizofrénica perdida» aunque sí algo tonta por no haberme dado cuenta antes. También liberada ya que sé que tengo que dejar de proteger a ciertas personas «para que no sufran» de mi verdad. Me acabo de dar cuenta de

---

[1] Tenemos que pensar mucho, tomar cafés, tomar cañas, charlar mucho, quizás recibir alguna clase de teatro... y también nos gustaría darnos un homenaje un día: soñamos con irnos juntas todas a cenar o a un spa... ¡¡a lo loco!!

que estaba infantilizándolas y contribuyendo a la perpetuación del patriarcado que tanto critico. Es fácil ver la paja (o el tabú) en el ojo ajeno.

Por fin diré mi verdad (empleando una metáfora):

Uso maquillaje que tapa las marcas de mi piel, las heridas de mi piel, en la cara. Tapo mi verdadero rostro del daño que me hizo el mundo, de daños autoinflingidos, de estar a uvas con lo que convendría, en cada momento, a esta persona que soy, en este mundo cabal… g… Ando protegiendo de mis rojeces a todo aquel que se cruza conmigo por la calle y también, sin hacer distinciones, a quien me quiere, aprecia y quisiera verme libre y feliz. Hay tratamientos estándar, valen para toda ocasión. Me miro al espejo y, a diario, hago cómplices a mis manos que aplican, en secreto, esa capa de puré marrón hecho en algún país sin moral, testado supongo en otras pieles, sensibles como las mías. Entonces la froto hasta hacerla penetrar, se funde con mi dermis, parece desaparecer. Me veo distinta, desdibujada, más aparente, sin rayonazos, sin restos de abolladuras. Salgo a la calle, decido sonreír deseando que mis dientes me acompañen bastantes años y así sean capaces de contribuir a mi farsa personal que es, a la vez, tan universal.

Campana (sobre campana) y se acabó.

Toc-Hadas

Somos un colectivo feminista y de orgullo loco que utilizamos la expresión artística y el humor como recurso para intentar sobrevivir a esta realidad que nos resulta hostil y difícil de llevar. Nos reunimos con periodicidad variable normalmente por Gijón. Nuestros fanzines están a la venta de momento en La Vida Alegre y La Revoltosa (Gijón) y Local Cambalache (Oviedo). Puedes entrar en contacto con nosotras a través de nuestro blog: toc-hadas.blogspot.com y escribiéndonos a hadas.toc@gmail.com.

SALUD MENTAL EN PRIMERA PERSONA DESDE UNA MIRADA FEMINISTA

por Alba Suárez Secades

Y vivo por mi cuenta, cabra sola;
que yo a ningún rebaño pertenezco.
Si sufrir es estar como una cabra,
entonces sí lo estoy, no dudar de ello

Gloria Fuertes

I. Introducción y declaración de intenciones

Cuando me propusieron participar desde AFA, meses atrás, en las jornadas dedicadas a la salud mental de las mujeres me sentí agradecida, motivada y, también, haciendo un ejercicio de honestidad, no exenta de cierto recelo.

Mi presencia en el programa no se entiende sin la mediación y recomendación de una amiga y compañera de lucha anticuerdista que -ante su cansancio, desánimo y una dosis considerable de desesperanza con respecto a todo tipo de eventos divulgativos/de concienciación/sensibilización- agradecía que voces que nunca habíamos ocupado una mesa de debate, conferencia o espacio público, mostrásemos nuestra anodina cara a la audiencia y ya, de paso, refrescásemos un poco el panorama.

Tenía muy claro que mi principal propósito con la intervención era intentar compartir una experiencia situada, que era la mía, pero que, en cierta manera, dinámicas de subjetivación aparte, lo es de todas.

Partiendo de esta premisa, dos son las aproximaciones que atraviesan todo el discurso que, a continuación, desarrollo: el movimiento en primera persona, en cuanto a sufrimiento psicosocial se refiere, y la perspectiva feminista. Además, como resulta inevitable de los dos puntos anteriores, el tomar conciencia de que «lo personal es político» pone en tela de juicio, sino contradice, muchos de los posibles mecanismos y opciones de «sanación» que, a nivel individual, con especial crédito social desde hace unos años para acá, se nos ofrecen cuando presentamos problemas de salud mental. Si nada escapa al análisis estructural de las vivencias, malestares y situaciones biográficas, por consiguiente, nada puede ser entendido en desconexión o aislado del contexto sociohistórico, político y cultural del que participa. Por ello, la crítica, el cuestionamiento y la revisión al *sistema psi* transversaliza, asimismo, estas líneas y así me gustaría que quedase patente.

II. ¿Por qué en primera persona?

> ¿Quién mejor que las locas,
> sin duda las más crueles de las brujas,
> las que más castigo han recibido,
> las que menos tienen que perder?
>
> Kate Millet

Comenzaré exponiendo lo que supone optar por un enfoque en primera persona a la hora de preparar mi intervención. La mesa en la que se ubica mi participación lleva por nombre *Sanación y apoyo mutuo al margen del sistema de salud.* Lo acordamos entre las participantes, mujeres con experiencias de sufrimiento psicosocial, en un intento por recoger nuestros testimonios como víctimas de violencia psiquiátrica y, sobre todo, las respuestas en forma de supervivencia y resistencia que hemos articulado a lo largo de nuestras vidas. Solo desde un posicionamiento en primera persona, a mi modo de ver, es posible considerar cuestiones fundamentales como:

- La capacidad de agencia personal y colectiva que se activa cuando somos las propias personas psiquiatrizadas –las que vivimos con la carga de la etiqueta diagnóstica y el estigma social correspondiente– las que nos reapropiamos de nuestros discursos y luchas.
- La crítica a la instrumentalización de las vivencias de sufrimiento psíquico por parte de personas que detentan «la autoridad científica» y la rebelión pertinente contra la categoría pasiva y alienante de «objetos de estudio». Por el contrario, reivindicamos nuestro rol como «sujetas de conocimiento» haciendo uso del privilegio epistémico que nos corresponde como protagonistas de nuestras historias de opresión y violencia recibidas.
- La posibilidad de recuperar o adquirir control sobre nuestros propios procesos de sanación y maneras de «estar en el mundo», de conectar con nuestras demandas y necesidades, de situar los límites, de ejercer nuestro derecho a ser informadas y mostrarnos críticas o reacias a determinados procedimientos que pueden considerarse violencias psiquiátricas.

Todo ello supone, en definitiva, poner en cuestionamiento los consejos expertos de voces ajenas al movimiento y reconocernos como «expertas por experiencia», haciendo alusión a las palabras de Barbara Ehrenreich y Deirdre English.

III. Perspectiva de género para...

> La ansiedad de las mujeres no se soluciona con pastillas,
> sino cambiando sus condiciones de vida
>
> Carme Valls

Por su parte, como mujer, me es imposible prescindir del análisis con perspectiva feminista a la hora de dotar de significado a las experiencias vividas como (im)paciente del *psistema.* Adoptar esta mirada permite arrojar luz sobre el impacto y aspectos diferenciales en mujeres y hombres a la hora de encarnar «las locuras». Una de las más potentes posibilidades que la perspectiva de género nos ofrece es cuestionar y negar la base individual de los malestares y las opresiones padecidas.

Existe una conexión clara entre los discursos dominantes de la psicología y psiquiatría, mayoritariamente desde un enfoque biomédico, y patriarcales a la hora de tender a depositar en nosotras la responsabilidad de nuestras propias experiencias de sufrimiento. Así, emergen pensamientos, que se instalan como verdades siguiendo esta línea autoinculpatoria, como «estoy dañada», «no tengo arreglo», «soy incorrecta» que dificultan o anulan cualquier posibilidad de articular un apoyo colectivo o conciencia sociopolítica sobre las problemáticas que nos aquejan y de las violencias que se ejercen contra nosotras como mujeres psiquiatrizadas.

La perspectiva feminista también amplifica las explicaciones causales sobre la psicopatologización femenina atribuyendo al patriarcado y a la socialización de género el papel que merecen. De esta forma, los malestares de las mujeres no pueden ser entendidos, sencillamente, sin tener en cuenta la posición de subordinación y dominación femenina.

Es de sobra conocido que durante el siglo XIX y principios del XX gozaban de gran popularidad y prestigio científicos diagnósticos clínicos como la histeria, que se atrevían a afirmar que el origen de los ataques de excitación nerviosa y labilidad emocional de las mujeres se debían al mal conocido como útero errante[1]. Aunque, hoy reconocemos la total falta de rigurosidad de estos juicios médicos, no nos sirve para reparar la injusticia histórica cometida hacia muchas mujeres que fueron institucionalizadas, medicalizadas, agredidas y contra las que se cometieron verdaderos despropósitos bajo el pretexto del «avance y experimentación científicos», enmascarando, en realidad, estrategias de control y castigo.

[1] Aunque la histeria, desde el punto de vista de los parámetros clínicos decimonónicos, haya sido ampliamente rebatida en los círculos médicos; encuentra en el trastorno límite de personalidad (TLP), el cajón de sastre del sufrimiento psíquico y una de las etiquetas psiquiátricas con mayor sobrerrepresentación femenina, una vigencia y acogida renovadas.

Actualmente, voces críticas y feministas desde la investigación médica nos ayudan a poner en primer plano las bases sociales, profundamente sexistas, de la maltrecha salud mental de las mujeres. Las exigencias y expectativas de género, la sobrecarga en las tareas de cuidado y sostenimiento de la vida, una mayor precarización de las condiciones materiales de existencia, una persistencia de violencias machistas en nuestras relaciones y, en definitiva, unas posiciones de vida más vulnerables, en general para las mujeres, afectan, inevitablemente, a nuestros estados psicológicos y emocionales.

Acercarnos a un análisis sobre la salud mental con mirada feminista, además, evidencia los profundos sesgos de género que se esconden tras los diagnósticos clínicos, ya que, en palabras de Phyllis Chesler, no pueden desvincularse dichas etiquetas de los roles tradicionales de masculinidad y feminidad. Un ejemplo claro de ello lo constituye la mayor prevalencia (o, mejor dicho, sobrediagnóstico) y sobremedicalización asociada, de los «trastornos ansioso-depresivos» en mujeres. Las palabras de Amaia Bacigalupe son ejemplificantes al respecto al asegurar que las características asociadas tradicionalmente al comportamiento femenino –como pueden ser la fatiga, irritabilidad, inestabilidad emocional, hipervigilancia, bajo autoestima, desesperanza y sentimientos de inutilidad– se interpretan como síntomas de depresión.

Por si esto fuera poco, nos encontramos, al mismo tiempo, que la propia desviación social de los mandatos sexistas se interpreta como señal de locura en mujeres. Transigir y acoger, por una parte, y oponer resistencia, por otra, hacia los imperativos patriarcales, nos lleva a un mismo punto: la patologización de la vida de las mujeres.

IV. Reflexiones colectivas en primera persona

Uno de mis mayores miedos al abordar mi intervención en la mesa era la de reproducir dinámicas de apropiación discursiva. Soy muy consciente del origen estructural de muchos de mis malestares y el de las violencias recibidas; aun así, era necesidad para mí recoger testimonios de otras compañeras con experiencias de psiquiatrización y patologización que me ayudasen a acallar las voces de individualidad, que siguen presentes en mí, y me recordasen lo colectivo y común que existe en nuestros caminos de *locura femenina*.

A continuación, reúno algunos de los argumentos que con más fuerza se dieron y aparecieron durante nuestras conversaciones:

Uno de los temas estrella fue el del silencio o, más bien, el del sufrimiento silente. Las mujeres, a pesar de una notoria capacidad de conexión con nuestros estados emocionales, nos reservamos, frecuentemente, el compartir nuestro daño, vulnerabilidad, incomodidad, dolor…, ya sea por el miedo a la no validación y a la presión social en forma de juicio que nos puede llegar como respuesta, bien por no valorarnos dignas y merecedoras de cuidado y apoyo, bien una combinación de estas y otras razones.

Fuente y autoría desconocida

De este silenciamiento -por poner el foco fuera y no depositar la culpa, de nuevo, en nosotras- surge una de las más dañinas y extendidas estrategias de afrontamiento: el *masking* o enmascaramiento; es decir, la tendencia a fingir *como si* no pasase nada, adaptarse a las dinámicas de relación y a las expectativas que se esperan de mí como «persona cuerda» pasando por encima de mi pesar y de mis necesidades. Huelga decir, que la presión y estados de alerta con que una persona vive para estar a la altura de este «teatrillo» socaban, aún más, su salud mental y ahondan en su sufrimiento y agotamiento.

Lejos de juzgarlo, resulta del todo lógico no comunicar el daño y optar por enmascararlo, considerando las repercusiones que se derivan de ello tal como expongo a continuación.

Una mujer, en grado sumo si es sujeto de una etiqueta diagnóstica psiquiátrica, se enfrenta a un despliegue de mecanismos de condescendencia, paternalismo e infantilización por parte del *psistema cuerdista* y, lo que resulta más doliente, de sus entornos de relación. Se espera de nosotras que actuemos en función de nuestra etiqueta -desde la carencia, dependencia, inestabilidad e irracionalidad- viéndonos atrapadas en el juego de la «profecía autocumplida». Se genera, además, un efecto halo perverso en el sentido en que todo lo que hagamos, pensemos y sintamos se explica por y desde nuestra condición patológica.

Muy en relación con lo anterior, se encuentra otro de los fenómenos que, sin lugar a duda, más pesa a las *personas lokas* y, sobremanera a las mujeres: la pérdida de credibilidad y la desautorización sistemática sobre nuestras propias conductas y decisiones. A falta de un término propio, veo muchas conexiones con el concepto «luz de gas» o *gaslighting* entendido como el tipo de abuso psicológico que consiste en hacer dudar a una persona de su propio criterio y cuestionar su capacidad para

Doble versión de la portada del primer disco de Sinead O'Connor The Lion and the Cobra *(1987). En Canadá y Estados Unidos se optó por la opción de la derecha con vistas a transmitir una imagen más dulce de la artista irlandesa*

interpretar la realidad. Esta crítica y sospecha se enraíza profundamente, también, en nuestro ser convirtiéndose en una tendencia limitante y asfixiante que debilita o imposibilita nuestra agencia y la capacidad de organización colectiva frente al abuso, violencia y discriminación cuerdistas.

Por falta de espacio, me es imposible incluir todas las reflexiones que surgieron de la puesta en común de nuestras vivencias como mujeres con experiencias de sufrimiento psíquico. No obstante, no puedo dejar de mencionar algunas otras que viene a apuntalar o matizar las anteriores como son:

• La sanción y ausencia de validación social a la que se nos somete cuando las mujeres optamos por ampliar el espectro emocional considerado «social y femeninamente legítimo» y transitamos y canalizamos estados de agresividad, rabia, enfado… Anular esta capacidad de sentir y expresar nuestra ira es de gran importancia, considerando esta una emoción básica y necesaria para adquirir consciencia de las situaciones de opresión/agresión y organizar, por consiguiente, una respuesta y (auto)defensa organizada.

• Aunque lo he ido mencionado recurrentemente en el texto, no debemos de perder de vista el daño acentuado que la propia psiquiatría produce en la salud (mental) de las mujeres. Sesgos diagnósticos aparte, nos encontramos, además, con tratamientos diferenciales y con violencias psiquiátricas propias o intensificadas por el hecho de ser mujeres que, en muchas ocasiones, nos hacen lidiar, no solo con el hecho ya en sí doloroso que supone el sufrimiento psíquico, sino, también, con el «trauma post-psiquiátrico»: ingresos hospitalarios no voluntarios, contenciones mecánicas y químicas y un largo etc. que puede englobarse en el vasto y ambiguo paraguas de procedimientos médicos negligentes...

• Aludir, por último, a dos problemas con los que nos enfrentamos las mujeres derivados de la psicopatologización y la medicalización: por un lado, la tendencia del sistema médico a entender los sufrimientos psíquicos como estados permanentes de «enfermedad» y, por ende, muy susceptibles de cronificación; y, por otro, la minimización por parte del personal médico de los efectos adversos, profundamente perjudiciales, limitantes y extremadamente variopintos, que la farmacología produce en nuestros cuerpos.

V. Respuestas y defensas frente al «psistema»

Recopilando todo lo anterior, si situamos el origen del sufrimiento en un espacio psicosocial -excluyente, jerárquico, cuerdista, machista, clasista, racista y lgtbifóico, entre otros, por sistema- la respuesta y sanación requiere un abordaje colectivo más allá del mercado de sanación terapéutica... Sin negar los posibles beneficios que puede tener «trabajarse en terapia», resulta imprescindible politizar el malestar que sentimos, ponerle nombre e identificar los fenómenos estructurales que nos enferman. Prescindir de esto, por muy buena que sea la *profesional psi* con la que consulte, no nos lleva a otro camino que no sea el de «arréglatelas por ti misma» y al de «sálvese quien pueda».

De la experiencia encarnada, observación y escucha a otras mujeres que he ido atesorando a lo largo de los últimos 15 años, surgen estrategias que, si no son omnipotentes, sí han resultado de ayuda para transitar el sufrimiento e, incluso, han actuado de salvavidas. Como puede comprobarse muchas o todas tienen que ver con apostar por la gestión colectiva de nuestros malestares. A saber:

• La participación en grupos de autoconciencia feminista y grupos de apoyo mutuo (GAM) dentro del «movimiento loco» o movimiento anticuerdista en los que se produce un intercambio de vivencias y permite trazar una «genealogía de la locura y la reparación del daño». O lo que es lo mismo: tomar conciencia de las violencias que han sufrido otras antes que nosotras, reconocer la sabiduría acumulada en el camino e incorporar a nuestra mochila aquellas herramientas que han sido de utilidad en contextos similares.

• Situar los vínculos en el centro del relato y de nuestros procesos de sanación: ejercer y recibir comprensión, escucha empática y validación es revolucionario, imprescindible y ampliamente beneficioso. Especialmente, atender a las relaciones con otras mujeres como si de un refugio se tratase.

• En ese afán por superar la individualización del sufrimiento, la literatura y el conocimiento de las genealogías feministas nos sirven de potente revulsivo contra la psiquiatrización de los malestares psicosociales.

• Practicar la paciencia, la confianza en el proceso y el respeto a los ritmos de mejora y recuperación de cada una, midiendo la (auto)exigencia y manteniendo a raya las expectativas propias y ajenas.

• Trazar una hoja de ruta y organizar un pacto de cuidados que acompañe, desde la ternura y la hermandad, los procesos de sanación de cada persona.[2]

Como colofón al texto, me gustaría incluir una reflexión final que también sirvió de cierre al encuentro de mujeres que organizamos con motivo de mi participación en las jornadas.

Todas coincidimos al final del diálogo en que la sensación de agotamiento y desesperanza muchas veces se impone a la pulsión de seguir adelante fruto, también, de unas expectativas sociales y propias muy desalentadoras. Se impone, de este modo, en muchas un estado de latencia que nos mantiene en un modo supervivencia muy básico. Resulta necesario que nosotras, y el movimiento social de vindicación de derechos por la salud mental, exijamos al *psistema* que la calidad de vida, no el mero mantenimiento de esas vidas, se conviertan en la prioridad en el tratamiento y en los procesos de recuperación y no, como resulta habitual, una cuestión de optar por «el mal menor». Creámonos, en definitiva, que es posible aspirar a unas mayores cotas de calidad y bienestar y reclamémonos como protagonistas de unas vidas que merezcan verdaderamente ser vividas.

VI. Inspiraciones y recomendaciones bibliográficas[3]

• *Por nuestra cuenta*, Judy Charberlin.

• *Mujeres y locura*, Phyllis Chesler.

• *Por tu propio bien: 150 años de consejos expertos a las mujeres*, Barbara Ehrenreich y Deirdre English.

• *Viaje al manicomio*, Kate Millet.

• *Malestamos*, Marta Carmona y Javier Padilla Bernáldez.

[2] A este respecto, se habla mucho de tirar de las redes de apoyo informal, familia y amistades principalmente, como factor clave de recuperación o mejora de la salud mental. Practicar una mirada comprensiva y sensible sobre la «problemática de la salud mental» pasa, también, por no dar por hecho las cosas. La soledad no deseada, las circunstancias de aislamiento y retraimiento social forman parte del pack del sufrimiento. La respuesta organizada de acompañamiento debería suplir, por tanto, esas ausencia o debilitamiento de las redes de apoyo natural.

[3] Se ha optado intencionalmente por prescindir de cualquier norma o estilo a la hora de citar y referenciar las fuentes por no tratarse de un texto producido desde la Academia.

• *Monográfico sobre la locura*, Pikara Magazine.
• *Mujeres invisibles*, Carme Valls.
• «Las voces que hay que oír: alternativas feministas a la psiquiatrización», Revista *Mujeres y Salud*.
• *LOCA YO?? Salud mental y feminismo*, Mai Insua y Tais Álvarez (Podcast).
• *¿Puedo hablar?*, de Esnórquel y Perra de Satán (Podcast).
• *Antecedentes feministas de los grupos de apoyo mutuo en el movimiento loco: un análisis históricocrítico* de Grecia Guzmán Martínez, Margot Pujal i Llombart, Enrico Mora Malo y Dau García Dauder.
• *Lokapedia*: cultura loca y feminismo: https://www.lalokapedia.com/.

VII. Presentación de Hierbabuena

La Asociación Hierbabuena es una entidad sin ánimo de lucro formada y dirigida por personas que hemos vivido procesos de sufrimiento psicosocial intenso y/o prolongado, y padecemos el cuerdismo asociado a los diagnósticos de la psiquiatría. Nació en el año 2000 y hoy, con sedes de Oviedo, Gijón y Avilés, somos más de 500 socias y socios.

Nuestro objetivo principal es facilitar la recuperación y la participación social en igualdad, mediante la promoción de la autonomía personal y el fomento de la accesibilidad psicosocial en la comunidad. A partir de nuestras experiencias individuales y del conocimiento colectivo compartido, somos una plataforma de desarrollo de iniciativas, tanto para identificar las barreras que dificultan esa participación y así poder exigir adaptaciones, como para abordar nuestras necesidades comunes y aspiraciones personales, más allá de las demandas o intereses ajenos que han condicionado nuestras vidas y siguen en el centro de la atención social y asistencial.

Para ello, trabajamos en establecer garantías respecto a nuestros derechos, generar conciencia del cuerdismo que condiciona nuestras vidas, impulsar la creación de recursos adecuados y facilitar apoyos en los entornos, en especial el apoyo mutuo entre quienes contamos con estas experiencias.

Información de contacto:
• Correo-e: asociacion_hierbabuena@hotmail.com
• Tfnos.: 678641263 / 697294595
• Web: www.hierbabuena-asturias.org
• Facebook: @hierbabuenasaludmental
• Instagram: @asociacionhierbabuena
• X-Twitter: @hierbabuena_as
• Sedes en:

- Oviedo. Fábrica de Ideas. C/ Historiador Juan Uría n.º 15.
- Gijón. Hotel de Asociaciones Sociosanitarias. Avda. Hermanos Felgueroso n.º 76-78.
- Avilés. Centro Municipal de Asociaciones El Arbolón. Avda. Gijón n.º 5.

LAS AUTORAS

Lina Menéndez Sánchez

Es diplomada en Trabajo Social y trabajadora social de los Servicios de Salud Mental del SESPA. Con amplia formación en mediación familiar y terapia familiar sistémica. También sobre grupos operativos, familiares y terapéuticos con orientación psicodinámica. En el ámbito de la docencia ha sido profesora colaboradora de la Escuela Universitaria de Trabajo Social de Gijón, en diversos cursos del Instituto Asturiano de la Administración Pública, en posgrados de la Universidad de Oviedo relacionados con «Políticas, investigación e intervención en exclusión social» y con los servicios sociales y la inclusión social. También ha sido profesora en el máster de Políticas Públicas de Bienestar Social y docente en seminarios de formación permanente y de residentes de los Servicios de Salud Mental del SESPA. En la Administración pública asturiana ha sido jefa de Área de Servicios Sociales Comunitarios en la Consejería de Asuntos Sociales, Vivienda y Bienestar Social entre el 2000 y 2007 y directora general de Servicios Sociales de Proximidad en la Consejería de Derechos Sociales y Bienestar del 2015 al 2019.

Faustina Ibáñez Pascual

Es licenciada en Psicología, psicóloga clínica y especialista en Organización de Servicios socio-sanitarios y en Psicoterapia familiar y grupal. En el marco de su actividad profesional ha sido coordinadora del Plan Regional de Toxicomanías del Principado de Asturias, directora regional de Juventud, psicóloga clínica y responsable del Centro de Rehabilitación Psicosocial de San Lázaro en el Área Sanitaria IV, psicóloga clínica en los centros de salud mental La Ería (Oviedo) y Coto (Gijón), y actualmente, desde 2010, psicóloga clínica en la Unidad de Salud Mental de Enlace e Interconsulta del Hospital Universitario de Cabueñes. Como docente es tutora de prácticas de Psicología de internistas y residentes y del máster de Psicología General Sanitaria de la UNED, y profesora de Toxicomanías en la Escuela Universitaria de Trabajo Social de Gijón. También es autora de artículos en revistas especializadas y capítulos de libros. Es miembro de la Asociación Española de Neuropsiquiatría y vicepresidenta de la Sociedad Española para el Desarrollo del Grupo, la Psicoterapia y el Psicoanálisis (SEGPA).

María Eugenia Díez Fernández

Es doctora en Psicología y especialista en Psicología clínica. También Psicóloga especialista en Psicoterapia. Es profesora asociada en Ciencias de la Salud de la Universidad de Oviedo. En el ámbito asistencial desempeña su labor en el HUCA. En el marco de la gestión, ha sido jefa de Estudios de los Servicios de Salud Mental de Asturias y coordinado diferentes programas de Salud Mental. También ha formado parte de la Comisión Nacional de la Especialidad de Psicología Clínica y comparte la coordinación científica de la nueva Estrategia Nacional de Salud Mental del Ministerio de Sanidad. Tiene amplia experiencia en docencia y coordinación de cursos y seminarios relacionados con diversas áreas de la Salud Mental, dirigidos a residentes y profesionales del campo de la salud mental y residentes y especialistas de otras especialidades médico-quirúrgicas. Es autora de varios textos publicados y ponencias relacionadas con la salud mental, la formación de especialistas, y los aspectos éticos y legales de la práctica clínica. También cuenta en su haber la obtención de una beca de la Fundación Castilla del Pino con la que realizó una estancia en el Servicio de Psiquiatría y Psicología Clínica del Bellevue Hospital de Nueva York.

Gema Coira Fernández

Médica jubilada, activista de la Asociación de Mujeres por la Salud Nielda y socia de la Red CAPS de Mujeres Profesionales de la Salud.

Lourdes Pérez González

Fundadora y miembro de la Asociación de Mujeres por la Salud Nielda y de la Asociación Feminista de Asturias-AFA. Profesora jubilada de la Universidad de Oviedo y miembro de su Instituto Universitario en Género y Diversidad (IUGEN-DIV), con actividad docente e investigadora centrada en ámbitos del feminismo teórico, mujer y ciencia y mujer y salud.

Celia García Díaz

Es licenciada en Medicina y Cirugía, especialista en Psiquiatría y doctora en Ciencias de la Salud por la Universidad de Málaga en 2019 con su trabajo de tesis sobre la historia de la sala de mujeres del Manicomio Provincial de Málaga durante la primera mitad del siglo xx. Su investigación fue galardonada con el premio nacional Hernández Morejón a la mejor Tesis de Historia de la Medicina en 2020. Es integrante del Instituto de Género e Igualdad de la Universidad de Málaga. Ha desarrollado su actividad clínica como psiquiatra durante 18 años con especial interés en la perspectiva de género. Actualmente es profesora del área de Historia de la Ciencia en la Universidad de Málaga donde imparte docencia en el grado de Medicina y en el máster de Género e Igualdad de la misma Universidad. Ha desarrollado una estancia de investigación en el Instituto de Historia de la Ciencia de la Universidad Autónoma de Barcelona. Es colaboradora habitual en congresos internacionales en la Universidad de Coímbra (Portugal), la Universidad de Lorraine (Francia) y recientemente en la Universidad de Santa Catarina de Brasil.

CATALINA DEL RIEGO FERREIRO

Es activista, inventora de palabras y creadora de Toc-Hadas. Vivió en varios países, estudió Magisterio y aprobó copiando poco. Su misión en la vida es vestir bien, acorde con lo que marcan los cánones, para cada ocasión; con las Tocadas lleva su espíritu «en-prendedor». Si tiene que ayudar con el catering familiar (con el que fue Tortilla Queen 2022 en la Vida Alegre) su espíritu está en el gorro y delantal. Cuando hace el payaso, caben varias posibilidades: el código no siempre manda narices. catadelriego@hotmail.com.

ALBA SUÁREZ SECADES

Socia de Hierbabuena. Asociación para la Salud Mental y participante en el grupo de apoyo mutuo para personas con experiencias de sufrimiento psicosocial. Mujer con diagnóstico(s) psiquiátrico(s) desde la adolescencia en lucha contra el *psistema* y el cuerdismo. Actualmente trabaja como personal de la Consejería de Educación de Asturias realizando labores de orientación socioeducativa y trabajo comunitario.

ÍNDICE

Primera edición: marzo de 2024

Edita: Asociación Feminista de Asturias (AFA)
as.feministaasturias@hotmail.com

Gestión editorial y diseño: Ediciones Trabe SL
C/ Fernando Alonso, 17 - bajo derecha
33009 Oviedo
Tfno.: 985 208 206 // 684 626 445
www.trabe.org
ediciones@trabe.org

Impreso en Asturias

Depósito legal: As-00052-2024
ISBN: 978-84-19358-88-2